**COUVERTURE SUPERIEURE ET INFERIEURE
EN COULEUR**

SOUVENIRS
D'ALGÉRIE

HAVRE
IMPRIMERIE DU COMMERCE
3, RUE DE LA BOURSE, 3
—
1885

SOUVENIRS

D'ALGÉRIE

SOUVENIRS

D'ALGÉRIE

M. T.

HAVRE

IMPRIMERIE DU COMMERCE

3, RUE DE LA BOURSE, 3

1885

Ces pages ne sont guère que le relevé des lettres que je t'envoyais chaque jour, ma chère Marie,...... chaque jour redisant avec le poëte

> Du milieu de mon beau voyage
> Mon souvenir vole vers toi......

Havre --- Mai 1885.

AVANT-PROPOS

N'y a-t-il pas quelque hardiesse à donner l'honneur de l'impression aux feuillets de mon carnet de voyage en Algérie? Ces notes présenteront-elles quelque intérêt à ceux qui voudront bien les lire? C'est à vous d'apprécier, mes chers amis, car pour vous seuls elles voient timidement le jour.

Beaucoup d'entre nous s'envolent suivant la saison, vers les glaciers suisses ou vers l'Italie, ce riche écrin de monuments et de chefs-d'œuvre, d'autres partent pour les lacs perdus dans la bruyère des moors écossais ou pour la vieille Espagne. Bien peu me semblent songer à rendre une visite toute naturelle, toute patriotique cependant à l'autre France, la France africaine.

Or je puis le dire par expérience désormais : c'est une injustice commise envers un beau, un curieux pays, une injustice que j'engage les coupables à réparer au plus tôt.

Je dis au plus tôt ! Hélas ! du train dont vont les choses, le pittoresque, la couleur locale ne s'évanouissent-ils pas avec la promptitude d'un rêve ? En maint endroit le chemin de fer n'a-t-il pas déjà remplacé la diligence, cette vieille dame poudrée à frimas qui semblait elle-même la manifestation suprême de la civilisation européenne à travers ce labyrinthe de collines verdoyantes, sous les palmiers des oasis, ou sur les sables infinis du désert.

On dit toutefois les Arabes et les Berbères rebelles aux charmes de notre costume, à l'influence, aux enseignements de notre progrès et de nos usages, mais... qui sait ? mes chers lecteurs, si en attendant quelque cinquante années seulement pour les aller connaître, vous ne parcourrez pas en vain la colonie, du rivage jusqu'aux oasis sahariennes, pour apercevoir un burnous ou une tente en poil de chameau, une Oulad Naïl exécutant la danse nationale ou un marabout qui moyennant quelque modeste offrande vous assurera la possession du Paradis de Mahomet !

Combien de naïfs,... de poétiques esprits en partant pour Venise ou pour l'Espagne, s'imaginent encore les gondoles conduites par des gens de son pays, de ses chasses au lion ou à la panthère, au tigre ou à la gazelle et même l'imagination de Pierre aidant, ils se voient déjà invités par cet arabe à demi civilisé à une chasse au faucon sur le territoire de sa tribu.

Le fils du cheikh, accoudé aux bastingages, le regard perdu dans l'immensité, envoie aux étoiles les bouffées de sa chibouk savamment culottée. A quoi songe-t-il ?... Sans doute à cette terre natale qu'il a depuis longtemps quittée, à cette indépendance sauvage de ses pères dont il va revivre, aux courses folles à travers le désert, aux sloughis rapides, aux méharis trotteurs, aux yeux noirs des belles du harem, au kousskouss réparateur et puis aussi peut-être aux empoisonnements à prix-fixe du Palais-Royal ou du quartier latin, aux pions du Lycée, aux concerts des Champs-Elysées, à cette civilisation du vainqueur en un mot, civilisation qu'il va bientôt échanger avec sa redingote et son chapeau de soie contre le burnous et les rudes coutumes de ses aïeux.

Mon cousin s'approche et... lui demande du feu. L'arabe s'exécute avec grâce. Nous nous plaisons à reconnaître en lui les bons effets de notre civilisation. La conversation s'engage : « Et vous retournez en Algérie, monsieur ? » —

Encore un peu il lui aurait dit Sidi. — « Non, monsieur, j'y vais pour la première fois; je ne la connais pas. » Pierre croit avoir mal entendu. « Ah! vous êtes du Maroc? ou de la Tunisie? » — « Moi monsieur? et le digne jeune homme ne peut réprimer un bon rire; je suis Haïtien et voilà deux ans que j'habite Boulogne-sur-Mer. »

Oh! désillusion amère! adieu les réceptions dans la tribu des Beni-Kouss-Kouss, les chasses à la gazelle et au faucon!

Ce n'était qu'un faux cheikh!... et le nom lui en est resté, en guise de vengeance.

A minuit, je vais dans ma cabine goûter un repos bien gagné. — La *Ville-de-Madrid* glisse sur une mer d'huile, avec la meilleure volonté du monde je ne saurais être mal à mon aise.

9 Mars.

A sept heures du matin je me lève. Hum! ça remue un peu. Mes amis me crient de venir sur le pont; nous passons en vue des Baléares. Je ne puis songer à sortir en tenue légère, la figure couverte de savon. — Je me contente donc de me raser.

Hum! hum! je me sens tout chose. Le grand

air du pont ne me remet pas et comme le déjeuner sonne... je redescends me coucher.

Dans l'après-midi la mer est plus tranquille et je vais faire un bout de conversation en arpentant le pont en compagnie du faux cheikh, qui à défaut d'anecdotes africaines me raconte la dernière révolution de son île haïtienne. Puis fouillant dans nos souvenirs humanitaires nous refaisons ensemble l'histoire des peuples riverains de cette Méditerranée sur laquelle nous voguons, depuis les siècles où Ulysse et Enée erraient battus par les tempêtes, jusqu'à ceux où les galères romaines sillonnaient en maîtresses cette immense mer intérieure, où Godefroy de Bouillon, Saint-Louis et leurs croisés voguaient vers la Terre sainte, Bonaparte et ses soldats vers l'Egypte ou vers l'île d'Elbe.

Ainsi je cherchais à endormir mon mal, mais au bout de deux heures d'une lutte héroïque, d'une lutte digne de la vieille garde à Waterloo, je dois me résigner à reprendre dans ma cabine la position horizontale et à ne la plus quitter jusqu'en rade d'Alger.

Il est vrai de dire que mon cousin Pierre et le commissaire du bord font de louables efforts pour charmer mon repos forcé, l'un rivalisant avec Pan, d'idéale mémoire, sur un léger chalu-

meau, « tenui avenâ » ; l'autre s'escrimant
« unguibus et rostro » sur l'épinette du salon.

Pendant trois heures la polka « Tout à la joie ! »
Lalalala-la-Lalalala la ! la ! la ! la !....... sous le
prétexte que c'est ce qui donne le plus d'ensemble, et vous aurez une idée de ce que j'ai
souffert, ah ! ah ! ah ! La flûte il est vrai égrenait
mille roulades variées, le piano la suivant dans
sa course folle, mais c'était toujours et malgré
tout « Tout à la joie » ah ! ah ! ah ! Le dîner seul
vient interrompre cet orchestre infernal et de
ma vie je n'oublierai cet air Ah ! ah ! ah !

La *Ville-de-Madrid* a cessé de rouler. Il est
onze heures. Nous voici en rade d'Alger après
avoir laissé sur notre gauche le feu de Matifou.

Hélas, la lune s'est à demi voilée derrière un
gros nuage noir et ce n'est pas dans tout leur
éclat que ses rayons tombent sur la perle africaine. Mille lumières constellent le rivage, ce
sont celles de la ville Européenne, tandis que
nous distinguons bien au-dessus la masse blanchâtre du quartier Arabe.

Un passager, observateur perspicace, nous
indique le Casino ! ! ! (à la fallacieuse demande, je
le dois avouer, de mon cousin Pierre). C'est d'ailleurs le même monsieur qui voyait en pleine

mer des requins et des baleines se jouer « dans le sillage à l'avant du steamer ! » Pour un parisien il n'y a pas de station balnéaire et hivernale sans un Casino. Je suis convaincu qu'en débarquant en Patagonie il s'imaginerait en apercevoir un tout brillant de lumières. Un peu plus notre homme qui prêtait l'oreille nous eût fait remarquer que l'on entendait l'orchestre jouer une valse entraînante. Mon bon père et l'un de ses amis sont le long du paquebot dans une barque. Nous échangeons les premiers bonjours et après une assez longue attente nous finissons par descendre avec nos bagages dans l'embarcation que dirige un Africain, au visage hâlé, sommairement habillé dans un vieux sac ou dans une voile hors de service. C'est un Zibanais, un homme venu des oasis du Zab.

Il se penche sur ses avirons et nous nous dirigeons vers le quai de la Douane duquel s'élève une rumeur assourdissante bien qu'il soit près d'une heure du matin. En débarquant nous pouvons nous rendre compte des causes du tumulte : Un gendarme contient une trentaine de portefaix maltais, italiens, espagnols, etc. qui veulent se précipiter sur nos bagages, et même administre une volée de coups de poing à un Zibanais turbulent. Un sergent de ville qui se trouve dans notre barque rétablit la bonne harmonie et nos bagages sont enlevés à dos par trois portefaix chargés comme des mulets.

Nous gravissons les rampes qui conduisent du port au boulevard de la République, et passant sous les palmiers touffus qui bordent un joli square de bambous nous finissons par gagner la maison de mon père où nous allons pouvoir enfin goûter dans un vrai lit un sommeil bien mérité.

CHAPITRE II

10 Mars.

La ville des Deys. — Premières impressions. — Kaléidoscope algérien. — La Djama-Djedid. — La place du Gouvernement. — Une statue qui a de la chance. — Mustapha. — La villa Latour. — Quartier arabe. — Un bain maure. — Premiers frôlements de burnous. — Un ballet chez Proserpine. — Clair de lune.

lger fait la coquette avec nous et ne veut pas dès l'abord se montrer dans toute sa splendeur. Le ciel est gris, je rougis de le dire. Il ne pleut pas... non! je ne veux pas l'injurier la mignonne, mais il bruine.

J'ai tenu quand même à prendre ma canne. Un pépin vulgaire dans la ville du soleil, de l'éternel printemps? fi!

J'en ai d'ailleurs été très récompensé, car le ciel a fini par prendre meilleur teint.

Le boulevard de la République sur lequel donne la maison où nous demeurons est en somme une belle terrasse, dominant le port et mesurant environ deux mille mètres du Fort Neuf au Fort Bab-Azzoun. Il est bordé de magnifiques maisons européennes avec arcades. C'est la promenade élégante d'Alger, pendant l'hiver, car dans la saison chaude il doit être peu abordable.

Des voûtes d'une grande hauteur supportent ce boulevard et sous ces voûtes sont aménagés des logements pour bureaux ou magasins. Des rampes ou de longs escaliers font communiquer la ville avec le port enserré lui-même dans deux longues jetées semblables à deux grands bras de pierre.

C'est une impression singulière que celle que l'on éprouve en mettant pour la première fois le pied dehors, quelque européen que soit ce quartier d'Alger.

Voici donc enfin de vrais arabes, rien du faux cheikh! Et ceux-ci méprisant la redingote noire, le tuyau de poêle et les bottes de cet imposteur, se sont contentés de se draper fièrement dans leurs burnous blancs. On se sent dès lors à quelques centaines de lieues de la France. Ces sons gutturaux qui de ci de là sortent de gosiers musulmans, ne vous laissent aucun doute à cet égard.

Voici des kabyles aux cheveux ras, tête nue, aux vêtements courts (la cheloukha, sorte de chemise qui dépasse à peine le genou), quelques-uns portent des burnous noirs; puis ce sont des juifs aux pantalons bouffants, aux turbans de teintes variées, souvent noirs, des mzabites vêtus d'une cheloukha bariolée comme un vieux tapis en loques, aux sept couleurs de l'arc-en-ciel, des maures aux jambes nues, aux pantalons également bouffants; souvent ils ont deux gilets brodés d'or ou d'argent sous une veste (djabadoli) dont la couleur change suivant les caprices du propriétaire. Voici des maltais, puis enfin des nègres du Soudan, noirs comme des bâtons de jus de réglisse et aussi sales que l'on peut se l'imaginer honnêtement, et même malhonnêtement.

Des zouaves, des tirailleurs algériens ou turcos, des chasseurs d'Afrique, de splendides spahis au burnous rouge et par-dessus le marché Dumanet lui-même qui se donne des airs de vieil africain, tout comme s'il était né natif d'Alger ou de Biskra. Voilà le kaléidoscope dans lequel nous jetons les yeux, éblouis et charmés tout à la fois.

Les femmes, que l'on ne rencontre qu'en petite quantité relativement dans les quartiers essentiellement européens sont tout de blanc habillées ; les arabes ou mauresques en pantalons blancs bouffants, les pieds souvent nus, chaussés de babouches en cuir noir, la figure voilée jusqu'au dessous des yeux, ne laissant voir que ces derniers qui brillent étrangement, semblables à deux boutons de jais ou à deux charbons mordorés. Rien de plus original, je dirais presque fantasmagorique, et aussi de plus charmant, car l'imagination aidant, il vous est permis de rester persuadé que ces femmes sont toutes jeunes et... probablement jolies. Les gens à leur aise, hommes et femmes, poussent le luxe jusqu'à s'accorder une paire de bas. On reconnaît donc sans peine les personnes distinguées. Les arabes portent tous des babouches, les juifs chaussent le soulier européen.

Dans les rues, aux carrefours, sur les places, partout c'est une vie, une animation extraordinaire. — Tantôt passe rapide comme le vent un élégant attelage conduit par un officier de spahis au grand manteau rouge, tantôt un tramway qui amène ou qui emporte les heureux habitants de

Mustapha, le Passy algérien. Voici des arabes à cheval venus des environs pour faire leurs emplettes ou pour approvisionner les marchés. Puis ce sont des coucous antédiluviens, bondés de burnous blancs et de colons; le cocher-propriétaire est un tantinet poète, il a décerné à son corricolo les titres les plus choisis : *la Belle Mahonnaise, le Pigeon voyageur, le Zéphyr, la Mauresque, le Tirailleur, le Roi des cailles, le Zaccar, Berceau d'amour, la rose du Liban;* il y en a de tous les noms suivant que l'automédon est d'humeur galante ou joviale, amateur de sport ou de botanique. Un philosophe appellera sa guimbarde: *Dieu fait bien ce qu'il fait;* un farceur, *Plaisir des dames;* un membre de société philharmonique, *Il Trovatore;* un esprit avancé et partageux, *le Soleil luit pour tout le monde.* Je ne parle pas des titres destinés purement à rassurer la clientèle : *l'Inversable!* etc. L'imagination méridionale s'est donné ample carrière.

A gros traits, voilà ce qui nous a frappés ce matin sous le rapport du costume.

Il est vrai que le veston ou la jaquette fraîchement débarqués de France, d'Espagne, d'Angleterre ou d'Italie y apportent un regrettable contraste, mais pour ne plus l'avoir il faut grimper dans la ville Arabe, et c'est ce que nous ferons dès cette après-midi.

Le soleil inonde Alger de rayons bienveillants, nous allons en remercier Allah dans la première mosquée qui s'offre à nos regards, celle de la Pêcherie ou Djama Djedid, bâtie en 1660 (1070 de l'hégire) en forme de croix grecque, avec grande coupole ovoïde et quatre petites.

Je m'apprêtais à retirer mes souliers en visiteur respectueux, mais mon frère Robert nous autorise au nom d'Allah à les garder, pourvu que nous ne dépassions pas la ligne de nattes étendues sur le sol. L'intérieur est absolument nu, les seuls meubles nous paraissent être une chaire en marbre blanc sculpté, isolée dans la mosquée et me rappelant vaguement celle du baptistère de Pise et une fontaine entourée d'un bassin, également en marbre, destinée aux ablutions des musulmans qui me semblent en avoir furieusement besoin. J'oubliais au fond une douzaine de fidèles accroupis en cercle sur le sol et récitant des versets du Coran à un vénérable muezzin également assis au centre.

Cette mosquée est assez grande. On l'appelle usuellement mosquée de la Pêcherie, parce qu'elle est voisine du marché aux poissons, auquel nous rendons visite et qui a bien aussi son curieux côté, grâce au grouillement de cette foule bariolée d'hommes et de femmes aux costumes pittoresques.

Nous traversons plus loin le marché de Chartres. Singulier spectacle. Les boutiques en plein air, chargées de dattes en régimes, de bananes, de piment rouge, de patates, de caroubes, etc. sont tenues par des indigènes qui leur causent au premier abord un préjudice considérable, ces dignes industriels sont l'image même de la malpropreté. On finit, je veux le croire, par s'y faire mais en attendant cela vous coupe l'appétit.

Je me hâte d'avouer cependant que je n'en ai pas moins fait un excellent déjeuner chez mon père, grâce aux talents culinaires du digne Courchay qui, lui, n'a rien d'arabe ou de nègre.

Extérieurement, le palais du Gouverneur que nous visitons ensuite n'a rien de remarquable, je dirai même que j'en trouve la façade assez peu digne d'un pareil titre. Cela tient peut-être aussi à ce qu'il se trouve absolument écrasé par le voisinage de la cathédrale et du palais archiépiscopal que nous comptons voir en détail une autre fois.

Nous achevons de faire notre digestion sur la place du Gouvernement, c'est le cœur d'Alger. Elle est entourée de platanes et de beaux palmiers. La fameuse rue Bab-Azzoun, la rue des magasins chic, les rues de la Marine et Bab-el-Oued, le boulevard de la République y viennent aboutir. Elle est animée par une foule bigarrée, bordée de cafés ou de boutiques.

Au nord devant la blanche mosquée de la Pêcherie s'élève (on aura peine à le croire en ces temps de vandalisme iconoclaste), la statue équestre du duc d'Orléans, élevée en 1845 par souscription ! Assurément l'on a eu peur de faire plaisir aux Arabes en réduisant en poussière la statue de l'un de leurs vainqueurs, sans quoi il y a beau temps qu'on aurait déboulonné ce pauvre duc. Mais ça doit être une rude pilule pour les vrais républicains, et après tout on finira bien par sauter par-dessus de tels préjugés et par lui faire subir le sort réservé aux tyrans en ce siècle intelligemment réformateur.

En voiture, sous la conduite d'un cocher poli, ce qui est ici comme à Paris une véritable curiosité, nous sortons de la ville par la porte de l'Est.

Nous laissons l'Agha sur notre gauche et gravissons les pentes de Mustapha au milieu de jardins en fleurs et de blanches villas. C'est une route véritablement charmante. A chaque coude, au fur et à mesure que nous montons la vue devient plus belle.

Chez mes cousins Delaroche, à la villa Latour, nous trouvons la smalah en excellente santé, heureux climat! combien de poitrines délicates te bénissent!

Du jardin en terrasse on découvre un merveilleux panorama : la Méditerranée aussi bleue que je l'avais vue dans les plus belles journées, s'encadre dans la verdure de Mustapha qui déroule au loin sur les pentes douces son riche tapis de jardins en fleurs avec leurs nichées de villas.

Raoul nous indique entre autres le palais d'été du Gouverneur. Mustapha est bien ce que j'en avais entendu dire : un coin de Paradis terrestre.

Mais il en faut sortir si nous voulons dès aujourd'hui jeter un coup d'œil sur la véritable attraction d'Alger; je veux parler du *quartier arabe*.

Nous nous y rendons par la hauteur, laissant le fort l'Empereur au-dessus de nous, nous suivons la route sinueuse qui nous rapproche de la ville.

De tout ce que nous avons vu à Alger, rien ne nous a paru plus pittoresque, plus couleur locale que ce *quartier arabe*.

A vrai dire il y a pour l'Européen qui met le pied sur la terre d'Afrique, une sorte de désenchantement dès le premier coup d'œil; il lui semble qu'il a fait quelques centaines de lieues, l'esprit enivré d'avance des merveilles promises, et qu'en un seul instant toutes ses illusions s'envolent brusquement : maisons européennes, costumes en majorité européens, voitures, restaurants, chapeaux, paletots européens, langage européen. Pour fort peu de chose notre touriste demanderait l'heure du départ de ce paquebot qui l'a amené au prix des souffrances les plus atroces quelquefois, et peu soucieux de la belle nature qui se déroule sous ses yeux, vexé comme un homme auquel on vient de faire une mauvaise farce, il fuirait ces rivages trompeurs, jurant qu'il n'existe plus ni Arabes ni Mauresques en Algérie.

La ville arabe, c'est-à-dire la vieille, la véritable Alger avec ses faux airs de pyramidal fromage à la crème a heureusement frappé ses regards et le voilà comme nous perdu dans ce labyrinthe où fourmillent des myriades de burnous et de turbans, de moutards à demi nus et de grands gaillards superbement drapés dégringolant les larges marches des ruelles et croisant de silencieuses Mauresques dont les grands yeux noirs rient ou s'étonnent curieusement sous leurs voiles blancs.

Au premier abord on se demande bien si ces

maisons ne vont pas se rejoindre en vous écrasant sous leurs décombres, tant elles sont rapprochées et tant leurs faîtes étayés horizontalement par des poutrelles rondes allant de l'un à l'autre semblent se murmurer de tendres propos. Mais cette sensation n'est que de courte durée, et tout en respirant un air moins pur peut-être que celui de Mustapha, on finit au bout de quelques jours par se promener ici aussi à l'aise que sur l'avenue des Champs-Elysées. Il vous semble bien de ci, de là, prudent de faire un léger écart pour éviter un burnous ou une cheloukha suspects, mais c'est là un assaisonnement obligé du pittoresque, une des épines de la rose.

Toutes les maisons sont blanchies à la chaux, je crois ; elles n'ont que de rares lucarnes sur la rue ; les fenêtres donnent toutes sur une cour intérieure avec galerie à arcades au rez-de-chaussée et souvent même au premier étage. Nous jetons de temps à autre un coup d'œil prolongé dans ces intérieurs mauresques par la porte restée ouverte.

Nous passons de rue en rue, de ruelle en ruelle, sous des voûtes un peu sombres, nous perdant à dessein, remontant puis redescendant brusquement. Il faut en effet se garder de se laisser entraîner au gré de la pente un peu raide du quartier arabe, sans quoi l'on se retrouverait de suite dans l'Alger européen.

Ici ce ne sont que boutiques, véritables niches à chien dans lesquelles sont installés marchands de légumes, bouchers, et surtout cordonniers faisant des babouches de toutes couleurs, brodées de soie ou d'or et d'argent. Voici des cafés ; la clientèle est assise à l'orientale sur des nattes ou sur des bancs et fume silencieusement en regardant d'un air béat le nuage parfumé qui va brunir le plafond. Quelques consommateurs jouent aux échecs. Le maître de l'établissement debout ou assis près d'un petit fourneau recouvert de tuiles émaillées, se tient prêt à tirer de ce dernier le nectar cher à sa clientèle, le divin *Kaoua*. Des caractères arabes de toutes couleurs, versets du Coran (à moins que ce ne soit une traduction de la loi sur l'ivresse ?) serpentent le long des murailles.

Voici un bain maure. Autour de piscines en marbre de nombreux indigènes font une toilette sommaire. J'avoue que malgré mon désir de pousser plus loin mon étude, le parfum *sui generis* qui me prend à la gorge m'enlève l'envie de séjourner plus longuement dans ce lieu de délices.

Sur une boutique tenue par un burnous blanc je lis : *Viande de choix*. J'aimerais mieux que cela fût écrit dans la langue de Mahomet; il est de fait que je ne saurais plus que j'ai affaire à un boucher qui vend à l'aristocratie et cela pourrait me laisser froid. Quel courage il doit falloir pour avaler ces lambeaux sanguinolents !

Epicerie! qui brille en lettres multicolores sur une autre niche me séduit davantage, avec ses mille petits sacs renfermant des épices, des graines et ses chapelets de fruits variés. Le possesseur du fonds attend philosophiquement la clientèle et semble peu en proie à l'inquiétude que causent les tribulations et les vicissitudes de la vie commerciale. Il est vrai d'ajouter qu'à côté de l'inscription en lettres françaises brillent des mots arabes ; mais même, sans cela, il n'est pas possible de n'être pas charmé par toute cette couleur locale, et de ne pas trouver que tout se voit bien dans son véritable jour, quelque singulier qu'il soit.

Vous secouez bien un peu vos vêtements en vous imaginant qu'un insecte né sur ces bords africains veut pénétrer les arcanes de votre pelure européenne, mais cela ne fait qu'ajouter au piquant de la situation.

Si la ville arabe excite ainsi au plus haut degré votre curiosité le jour, sous le ciel bleu foncé qui fait si bien ressortir la blancheur de ses murailles, je puis affirmer qu'elle vous laisse sous le charme, éclairée par la lune ou par des milliers d'étoiles.

Pendant le dîner on organise une promenade, ayant pour but principal le spectacle des danses nègres.

Nous voici une trentaine d'étrangers parmi lesquels plusieurs représentants du beau sexe gravissant les marches et les rues de la *ville arabe*, et après avoir enfilé une série interminable de ruelles (véritables coupe-gorge), sous la conduite d'un sourd-muet qui nous perd sans doute à dessein, nous arrivons à la porte d'une maison mauresque à cour assez vaste de laquelle s'échappe un vacarme assourdissant.

Il y a foule d'indigènes sur deux des côtés ; le troisième est réservé à l'orchestre composé de sept ou huit musiciens. Les uns s'escriment sur des tambours et des grosses caisses d'une forme bizarre, les autres jouent de la flûte ou des castagnettes en fer sur un rhythme invariable. Ceux qui ne soufflent pas, forgent comme Saint Eloi, en chantant un air digne de la musique instrumentale qu'il accompagne.

Cet air doit être très apprécié par l'auditoire cependant, car il ne varie jamais, du moins tel a été le cas pendant les deux heures de notre séjour en cette caverne de forcenés.

Le quatrième côté, est celui des dames; j'entends, des Mauresques. On en voit aussi penchées sur les balustrades de la galerie supérieure. Quatre lampions fumeux projettent une lueur blafarde sur l'assemblée. On nous fait asseoir au premier rang sur des bancs de bois face à l'orchestre qui n'a pas interrompu pour notre entrée sa sarabande infernale.

Mais voici les coryphées de ce ballet nègre qui font leur entrée. C'est alors que l'on peut vraiment se croire à un bal chez Proserpine.

La Tentation de Saint Antoine, ce drame palpitant qui aux foires de notre ville natale frappa nos jeunes imaginations, n'en peut donner qu'une pâle idée par la remarquable scène du palais de la reine des Ténèbres.

Des contorsions cadencées sur le rhythme uniforme des musiciens, des cris sauvages poussés de temps à autre et se mêlant aux hurlements de l'orchestre, voilà le fond du spectacle. Pour en rompre la monotonie on apporte quelques charbons ardents que la danseuse premier sujet s'empresse d'éteindre de ses pieds nus. Il se dégage aussitôt un parfum de graisse et de corne brûlées qui semble enivrer la foule et qui peut à juste titre faire tourner votre dîner, si vous n'avez pas le cœur solide — j'en ai vu des exemples par la suite. Rien de hideux comme ces femmes... car il paraît que ce sont des femmes ces singes d'ébène dont la peau reluit sous les quatre lampions de la cour.

Mais après tout le spectacle vaut la peine que l'on se dérange, et rien ne me fera oublier cette foule bariolée, ces beaux arabes drapés dans leurs burnous blancs, ces mauresques charmantes fixant par-dessus leurs voiles les danseuses et surtout les étrangers, cette musique infernale, ces chants étourdissants sur un rhythme traînard et au-dessus de tout cela le ciel d'Afrique avec ses milliers d'étoiles qui scintillent.

Ma voisine, une parisienne, avec laquelle j'échangeais de temps à autre une courte réflexion, ne s'était-elle pas imaginé sentir une myriade d'insectes la prenant d'assaut ! Il est de fait que mes deux compagnons n'en ont pas pu dormir.

Après deux heures de concert nous redescendons en toute hâte ; et rien n'est fantastique comme cette ville arabe vue de la place du Gouvernement qu'elle domine, brillant au clair de lune et ressemblant dans son éclat de neige à ces mystérieuses mauresques drapées dans leurs voiles blancs. C'est une cascade argentée de maisons qui semble mourir au pied de la mosquée Djedid.

CHAPITRE III

11 Mars.

L'Aurore aux doigts de roses. — Sidi Ben-Abder-Rhaman. — La Mosquée des Ketchaoua. — Le ravin de la Femme sauvage. — L'Eden africain. — Jardin d'Essai. — Un cimetière musulman. — *De Profundis* mauresque. — Soirée chez Aïcha. — Charmes de la conversation. — Soua-Soua ! — L'hôtel de la brigade. — La Kasbah. — Le pavillon du coup d'éventail. — Ce qui s'appelle être dans la panne. — Les sept plaies d'Egypte. — La Zaouïa Sidi Abder-Rhaman-et-Tealbi. — Les chaussures au vestiaire. — Pensées sur la religion par l'amie d'Ernestine. — Rigoletto. — Coquin d'accent !

C'est véritablement un spectacle merveilleux que le lever du soleil là-bas, derrière le cap Matifou. Les hautes cimes du Djurdjura couvert de neige se détachent nettement sur le ciel embrasé. Ne dirait-on pas avec le doux Virgile l'Aurore aux doigts de roses qui ouvre les portes de l'Orient ? Plus bas l'Atlas commence aussi à sortir de l'ombre sur

MOSQUÉE SIDI ABDER-RHAMAN — ALGER

laquelle la Koubba découpe son blanc minaret. Alger semble tout en feu. Cela valait la peine de sauter de son lit et de se risquer au balcon en burnous nocturne, sans souci de concurrence déloyale aux muezzins du Prophète.

Notre matinée se passe en partie à courir les bazars. Le digne enfant d'Israël Sidi Ben-Abder-Rhaman nous ouvre ses bras et sa boutique ; et pendant une heure c'est un éblouissement de tapis anciens et modernes, turcomans, syriens et algériens, d'étoffes brodées de soie, d'or et d'argent, de bibelots de toute espèce.

Mes compagnons s'affublent de costumes garantis orientaux, tutoyant le digne Abder-Rhaman avec une familiarité des plus touchantes; il le leur rend du reste avec usure, c'est la règle générale et nul ne s'en étonne plus au bout de quarante-huit heures de séjour sur cette terre privilégiée. Inutile d'ajouter que le prix demandé par le digne négociant n'a rien à voir avec celui que l'on paie finalement. C'est une façon de procéder comme une autre, il suffit d'être prévenu que lorsque l'on sait s'y prendre et marchander la valeur de l'objet varie entre vingt et soixante pour cent.

La cathédrale St-Philippe est voisine du bazar de Sidi Ben-Abder-Rhaman. Elle fait face à l'archevêché et se trouve accolée au palais des Deys d'Alger, aujourd'hui palais du gouverneur. Cette cathédrale est l'ancienne mosquée des Ketchaoua, d'architecture arabe ; la façade est flanquée de deux tours peu élevées ; l'intérieur est très sombre et relativement spacieux. Elle fut construite, avec différentes modifications postérieures, en 1791. La chaire est l'ancien minbar de la mosquée.

Le temps est superbe et nous grimpons après notre déjeuner dans un véhicule conduit par un Maltais poli, afin de faire une promenade aux environs de la ville. Sous la haute direction du jeune Bob mon frère, l'automédon nous conduit par les Aqueducs, le ravin de la Femme sauvage, le Ruisseau, à travers une succession de délicieux vallons. Tout cela vous a un aspect si riant, si verdoyant que je commencerais à me croire au sein de notre Normandie, n'était la végétation si dissemblable de ces gorges.

Les coteaux en général sont plantés de vignes, je parle des terres appartenant aux Européens, celles des Arabes sont absolument incultes ; le palmier nain, le cactus et l'aloès y disputent la place aux ronces et aux rochers. Car qui dit Arabe dit fainéant, et c'est vraiment pitié que de voir ces terrains si propres à la culture du raisin laissés improductifs auprès des riches propriétés de nos compatriotes. Cela soit dit au point de vue pratique, car au point de vue pittoresque le passant n'a rien à y perdre, ainsi que je le dis plus haut.

A Mustapha, charmant faubourg d'Alger que nous avons traversé, ce ne sont que villas à la française ou maisons mauresques émergeant toutes blanches de la verdure des eucalyptus, des pins d'Italie, des orangers et des citronniers couverts de fruits. Un délicieux parfum de fleurs s'exhale de chaque jardin. Le bougainvillia encadre les fenêtres de son feuillage rouge tirant sur l'amaranthe ou bien retombe en longs festons sur les terrasses et les balcons ; c'est d'un très singulier effet.

Sur la route nous rencontrons une respectable quantité d'Anglais ; il y a en effet à Mustapha toute une colonie britannique et des plus agréables me dit-on. Elle reçoit, donne des tea-parties, des bals et tout ce qui s'ensuit.

Voici par douzaines de petits ânes portant dans des mannes en paille le sable destiné aux travaux du port exécutés par des forçats. Les Arabes les conduisent par la queue ; ou bien, ce sont des Kabyles qui se rendent à la ville, grimpés sur leurs chevaux au sommet d'un échafaudage de légumes, d'oranges ou même d'outres remplies d'huile d'olive, et le long des rampes dominant la plaine qui s'étend jusqu'au rivage, ces burnous blancs, ces guenilles multicolores sur ces jambes rouge brique rasant les cactus et les aloès au bord de la route, sont du plus étrange effet.

Devant nous le golfe d'Alger avec sa mer bleue dans cet encadrement de verdure, terminé à l'est par le cap Matifou, à l'ouest par le promontoire formé par la ville elle-même.

Nous ne pouvons nous lasser d'admirer ce ravissant tableau. Le séminaire de Koubba dresse son dôme éclatant sur une colline dont le sol préparé pour la vigne ressort en brun rougeâtre au-dessus de la baie.

Nous revenons en visitant le « Jardin d'Essai. » Ce beau parc appartient à une Compagnie qui y cultive toutes les plantes exotiques avec un succès remarquable. La végétation des tropiques semble y avoir merveilleusement réussi : avenues de bambous, de palmiers, de yuccas, au bout desquelles brille l'azur de la Méditerranée.

En sortant du jardin d'Essai nous entrons au cimetière arabe qui n'a en somme rien de bien extraordinaire. Quelques tombes seulement méritent ce nom ; les pauvres diables sont enfouis très primitivement et une simple fiche en bois indique l'endroit où gît tout ce qui reste des fils du Prophète. Au milieu du cimetière s'élève un petit marabout où l'on ne peut pénétrer, suivant défense expresse; d'ailleurs l'aspect en est misérable. Le vendredi, les femmes arabes viennent faire leurs dévotions sur la tombe de leur bien-aimé ; ce jour-là elles ont seules l'accès du cimetière; leur *De Profundis* consiste à se bourrer d'oranges et autres délicatesses à la santé spirituelle de celui qui dort à quelques pieds sous terre. Il paraît que cela lui fait plaisir.

Au champ de manœuvres à la porte d'Alger une caravane s'est arrêtée un instant, toute couverte par la poussière de la route, « et respire un moment l'air embaumé du soir ! » comme le voyageur de ton Vallon, ô Gounod !

Nous avons voulu, pour faire comme tout le monde, visiter un intérieur mauresque.

La belle Aïcha et ses sœurs nous ont fait les honneurs du logis. Leur costume est coquet, lorsqu'elles sont bien faites, ce qui paraît être souvent le cas ; ce pantalon de soie bouffant, cette veste brodée et cette culotte tissue d'or ou d'argent ne contribuent pas peu à rehausser l'éclat de ces jolies filles.

L'inévitable kaoua se prend à l'orientale dans des tasses grandes comme des dés à coudre ;

cela ne nous empêchera pas de dormir. Ce qui est plus étourdissant ce sont les parfums qui brûlent dans toute la maison. La conversation se résume à quelques exclamations soi-disant de satisfaction de notre part, invariablement suivies des rires insensés de nos hôtesses. Je dois ajouter qu'elles ne semblent pas comprendre un mot de français, ce en quoi nous leur rendons poliment des points dans la langue arabe.

On ne s'étonnera donc pas que l'entretien vint à languir quelque peu. Nous déposons délicatement notre offrande......... dans le sucrier et avec force « Soua ! Soua ! », expression de contentement parfait, nous nous retirons pour demander à la brise de mer, sur la belle terrasse du port, quelques bouffées d'un air moins embaumé que celui de la belle Aïcha.

12 Mars.

Ce matin je suis sorti flanqué de mes compagnons pour aller rendre visite à l'un de mes anciens camarades de régiment. V*** est lieutenant de zouaves et habite chez le général G*** dont il est l'officier d'ordonnance. L'hôtel de la brigade n'est autre chose qu'un ancien palais arabe fort curieux. La cour du centre est bien conservée, ainsi du reste que tout l'édifice. Mon ami occupe à l'étage supérieur un logement de quatre pièces qu'il a très simplement et avec beaucoup de goût meublées à l'orientale.

Les murs sont recouverts de vieilles tuiles de faïence à dessins bariolés, anciens et fort curieux. Rien n'a été changé dans ce palais depuis la conquête d'Alger. Tout a un air de fraîcheur qui indique au premier abord le soin qu'apportaient les anciens propriétaires à se protéger contre la chaleur. Escaliers, corridors, pièces diverses aux épaisses murailles, tout est tapissé de ces carrelages aux teintes variées; portes, voûtes et colonnades sont du plus pur mauresque. Les plafonds en bois sculpté sont originaux; celui du salon-divan du lieutenant est orné au centre d'une corbeille de fruits et de fleurs en relief; tandis que celui de sa chambre à coucher possède un assortiment multicolore de poissons. Les armoires qui sont dans la muraille même ont beaucoup de cachet. Il y a en tout cela une grande harmonie de coloris et fort heureusement l'on s'est depuis la conquête appliqué à conserver les choses dans l'état et dans le goût primitifs.

Mon ami nous invite à dîner au mess vendredi, mais selon toute probabilité, nous aurons quitté Alger pour notre excursion à Fort-National, ou celle que nous projetons de faire dans la province d'Oran à la célèbre forêt de cèdres de Teniet-el-Haad.

Nous prenons congé de V*** munis d'une permission spéciale pour visiter la Kasbah.

Après un charmant déjeuner chez les Raoul Delaroche, déjeuner pendant lequel nous avons longuement devisé de tous ceux que nous avons laissés en France et en particulier dans notre petit coin de Normandie, nous grimpons à la Kasbah.

L'ancien palais du Dey, sert aujourd'hui de caserne à l'artillerie. Il est perché au sommet de la ville arabe ; malheureusement nos dignes canonniers (sans rien vouloir diminuer de leurs excellentes qualités), lui enlèvent énormément de sa couleur locale.

La Kasbah est une espèce de petite ville fortifiée qui domine Alger au sud-ouest. Ce qu'elle contient de plus remarquable c'est l'ancienne mosquée.

On l'a convertie en magasin d'habillement, oh Allah ! D'élégantes colonnettes en marbre blanc aux chapiteaux fouillés émergent prosaïquement du sein des bidons de campagne, des capotes, des pantalons et des godillots empilés. De vieilles tuiles de faïence aux dessins polychromes tapissent toutes les murailles.

Nous voyons le fameux pavillon du coup d'éventail à l'étage supérieur de l'un des corps de bâtiment. C'est dans ce pavillon que notre chargé d'affaires reçut du Dey le coup d'éventail qui provoqua la conquête de l'Algérie par l'armée française.

A nos pieds Alger et la mer, la vue est admirable. C'est d'ici que les Deys, entourés de leurs janissaires, regardaient poindre au loin les blanches voiles de leurs corsaires revenant chargés de butin et d'esclaves chrétiens. Ce qui nous frappe en dehors de ces souvenirs historiques c'est l'état de délabrement de cette galerie d'ailleurs peu luxueuse. L'un de ses anciens habitués, le prince Mustapha, frère du dey, possesseur autrefois de quelque cinquante millions, en est réduit paraît-il à faire le grand seigneur avec six mille livres de rente que lui octroient généreusement ses vainqueurs. Puissent ces deux grands débris se consoler entre eux !

Dans l'intention de réagir contre semblable mesquinerie nous voulons couvrir d'or le brave canonnier qui a été chargé de nous piloter dans la Kasbah, mais d'un air de dignité offensée le porteur de la grande voix de la France refuse toute preuve palpable de notre munificence.

En descendant de la Kasbah, nous entrons dans la mosquée Sidi Abder-Rahman-et-Tçalbi. C'est la zaouia (petite mosquée) la plus curieuse et la plus ornée d'Alger comme aussi je crois de toute l'Algérie. Elle est assez petite. On y descend par un étroit escalier en plein air.

Sur les nombreux degrés grouillent par douzaines des arabes et des nègres de tout âge et de tout sexe : aveugles, borgnes, estropiés, culs-de-jatte étalent au grand soleil les plaies et les infirmités les plus hideuses qu'il soit possible d'imaginer, celle des yeux surtout.

J'ai vu là des misérables qui laissaient un essaim de grosses mouches dévorer un œil en décomposition. Pouah ! Je frémis encore en y pensant.

On ne peut pénétrer dans cette mosquée, comme dans toutes d'ailleurs, qu'en laissant ses chaussures à la porte. Il a donc fallu nous exécuter. Les dalles sont recouvertes de tapis ou de nattes, ce qui rend le sacrifice moins pénible.

L'intérieur était presque désert. Deux jeunes personnes fraîchement débarquées des Batignolles (ces dames voyagent beaucoup maintenant), quatre musulmans et une femme en prière.

Cette dernière marmotte une oraison la tête enfoncée dans le catafalque du saint Abder-Rhaman, le marabout en l'honneur duquel la zaouia fut construite. C'était un faiseur de miracles en l'an 788 de notre ère.

Le tombeau en bois ouvragé s'élève au centre de la mosquée, à l'ombre de nombreux étendards de toutes couleurs conquis en diverses batailles.

Les murailles sont couvertes d'ex-voto et de bannières sur lesquelles ont été brodés des versets du Coran. Les fidèles s'asseyent à l'orientale, les jambes repliées sous le corps ; de temps à autre, ils se prosternent par trois fois en frappant le sol du front à se le démolir et en murmurant leurs prières :

La illah illa Allah Mohammed rassoul Allah ! Dieu est Dieu et Mohammed est son prophète ! On entend résonner le Mohammed guttural avec son H aspirée si durement que cela vous en déchire le gosier.

Tour à tour le fidèle se relève droit et raide comme un mannequin, et se prosterne en Z, ou s'accroupit en véritable pelote.

J'étais en train de contempler un grand diable qui se livrait à cette gymnastique religieuse, quand une des visiteuses distinguées dont j'ai parlé plus haut s'adressant à sa compagne dit en passant près de moi : « Dis-donc Ernestine, ils sont tout de même plus religieux que nous dans ce pays-ci. » — « Est-ce par expérience que parle madame ? » n'ai-je pu m'empêcher de lui murmurer. Je ne crois pas que celle-là se casse jamais la tête sur les dalles d'une église...... ou bien il faudrait qu'elle eût de bien gros péchés à pleurer ; or qui pourrait jamais supposer........ oh ! shocking !!!

Nous nous rechaussons avec plaisir, sur ces nattes et ces tapis on ne sait jamais trop ce qui se promène.

A la sortie il faut repasser la revue des sept plaies d'Egypte, et c'est un concert de gémissements, de vociférations dans cette tribu de misérables infirmes qui émaille le cimetière arabe, demandant l'aumône. Mais hâtons le pas pour échapper à ce spectacle écœurant.

C'est avec un certain plaisir que nous nous en reposons sous les ombrages du petit jardin Marengo, dû aux travaux de nos braves soldats et situé en contre-bas de la zaouia Sidi Abder-Rhaman.

Notre soirée s'est passée assez agréablement au Grand-Théâtre d'Alger ; la salle est élégante et spacieuse. L'élément militaire et administratif y domine ; quelques toilettes criardes, coquelicots dans un champ de blé, indiquent de ci de là « les épouses et les demoiselles » de messieurs les boutiquiers juifs ; lesquels ne se sentent plus d'aise d'être citoyens français à la barbe des Arabes, tandis que messieurs leurs fils, les doigts chargés de superbes bagues, l'abdomen bardé de grosses chaînes d'or, jouent les fins gommeux aux premiers rangs des fauteuils.

On chante *Rigoletto*. La troupe sans être bonne est réellement passable ; il y a là un diable de ténor avec un accent du Midi des moins dissimulés et dont « l'âme s'abandône » dans ce merveilleux quatuor de la façon la plus provençale du monde !

J'ai retrouvé pendant un entr'acte l'ancien capitaine de ma compagnie au 19e chasseurs à pied, le capitaine L***, je me suis présenté à lui et nous avons bien vite renouvelé connaissance, devisant non sans plaisir de mon berceau militaire. Voilà dix années de cela !

CHAPITRE IV

13 Mars.

Le Sahel. — La Trappe de Staouéli. — Trop d'engrais pour Philbull. — Le mobilier d'un religieux. — Travaux champêtres. — Palmiers historiques. — Purée de haricots. — Gruyère sauveur. — Où vont les revenus du couvent. — La plage de Sidi-Ferruch. — St-Eugène. — La revanche de Pierre.

A neuf heures et demie nous nous installons à quatre dans un excellent landau et prenons la route de Staouéli afin de visiter la Trappe située à 17 kilomètres d'Alger. Il faut d'abord gravir les tournants Rovigo et une fois au haut de la ville, nous jouissons d'une vue délicieuse sur la rade et les côtes qui enserrent la baie. Le temps est un peu couvert, et tout en laissant une modeste trouée au soleil, les nuages, car il y en a, hélas! ne nous inspirent qu'une médiocre confiance.

Le pays que nous traversons est bien cultivé. C'est le Sahel. L'on voit de nombreuses plantations de vignes et la terre a une heureuse apparence de richesse. Tout est vert comme en Normandie au doux mois de mai. On s'y croirait même si de gigantesques cactus, des aloès et par-ci par-là des terrains non défrichés et couverts de palmiers-nains ne venaient rappeler au passant qu'il est à quelques centaines de lieues du royaume de la pomme et du cidre pur-sang. Et d'ailleurs la blouse bleue de nos braves cultivateurs est ici avantageusement remplacée par le long burnous blanc des Arabes qui animent la route.

Nous passons par Cheraga, petit village peu remarquable et à onze heures un quart nous arrivons à la Trappe. Le bon Père qui reçoit les étrangers fait entrer notre voiture sous la voûte de la cour d'entrée ; des forçats militaires vont partir sous la conduite de zouaves en armes afin de travailler aux terres du couvent.

Le Gouvernement a concédé mille hectares aux bons Pères en 1843, si je ne me trompe, et c'est à cette exploitation jointe à celle de deux cents hectares environ achetés plus tard par le couvent que sont employés les disciplinaires et un certain nombre d'ouvriers d'origine espagnole. Les premiers sont nourris par les trappistes qui paient en outre à l'Etat 0 fr. 30 cent. par homme et par jour.

La culture porte sur tous les genres, en particulier sur la vigne qui est fort belle et donne des vins réputés pour être des meilleurs de l'Algérie. On aperçoit aussi des champs entiers de géraniums ; les Pères en fabriquent des essences qui font les délices des Anglaises et forment une source sérieuse de revenu pour la Trappe.

En entrant le digne Père nous invite selon l'usage à déjeuner au couvent et nous offre de visiter l'établissement, ce que nous acceptons avec plaisir...... puisque nous ne sommes venus que pour cela.

Caves, distillerie pour l'essence de géranium, étables, écuries, bergerie, charronnerie, porcherie, basse-cour, nous passons tout en revue.

Philbull commence à trouver que l'on marche un peu trop dans le fumier et qu'en somme l'élevage du porc n'offre pas à sa curiosité d'assez vastes horizons.

Puis vient la visite du couvent proprement dit, avec ses cloîtres, ses réfectoires, ses dortoirs. La cellule de chaque moine depuis le supérieur jusqu'au plus simple trappiste renferme uniformément un petit lit que l'on imagine rembourré de noyaux de pêches, un balai qui atteste que la propreté est une des vertus de la maison et...... montrant modestement l'oreille un...., comment dirai-je ?..... sans fleurs ! puis c'est là tout le mobilier.

Nous traversons la chapelle où les moines sont occupés à chanter l'office. Je distingue quelques laïques parmi eux. Le Père qui nous conduit m'explique que l'on reçoit ainsi fréquemment des personnes désireuses d'éprouver la fermeté, la sûreté de leur propre vocation, et qui pendant quelques semaines vivent de la vie commune.

Il paraît qu'il en vient pas mal, mais qu'il en reste peu, ce que je penche parfaitement à croire. — Beaucoup d'appelés et peu d'élus. — La règle est extrêmement sévère.

Les Pères ont la défense de parler et notre cicerone est le seul à peu près qui puisse adresser la parole aux étrangers dans le monastère. A l'intérieur du couvent nous traversons de jolis jardins fort bien entretenus et remplis de citronniers et d'orangers surchargés de fruits.

Il y en a aussi de très vastes à l'extérieur qu'embaument les rosiers en fleurs.

Dans la plaine, les vignes ; de beaux ceps qui comptent parmi les plus vieux de notre colonie africaine, s'étendent bien alignés et bourgeonnants aux caresses du printemps. C'est là la principale richesse des trappistes. Ils en cultivent si je ne me trompe environ deux cents hectares.

Mais rentrons dans le monastère, aussi bien notre estomac commence à crier famine et quelque délabré que soit le mien en particulier, il s'apprête à faire honneur au menu des bons Pères.

Pour gagner le réfectoire des visiteurs, nous traversons la grande cour d'honneur et le bon trappiste qui nous guide nous fait remarquer un beau groupe de palmiers devenus historiques. C'est en effet sous leur ombrage que le 19 juin 1830 s'étaient dressées les tentes magnifiques d'Ibrahim, gendre d'Hussein-Dey, et de ses alliés les Beys d'Oran et de Constantine. Surpris par nos cavaliers au moment où ils savouraient le moka traditionnel, ils n'avaient pu qu'à grand peine éviter de tomber en notre pouvoir. Je présume que nos braves soldats ne se seront pas fait faute au premier instant de répit de terminer le repas de ces hauts personnages.

La salle à manger des hôtes est assez spacieuse. En dehors de nous quatre elle renferme aujourd'hui une quinzaine de visiteurs et de visiteuses, ces dernières vraiment peu favorisées, puisque de tout le monastère c'est là la seule pièce dans laquelle elles soient admises, et mon cousin Pierre auquel je reproche souvent certain faible pour la bonne chère pourra vous dire qu'à ses yeux la compensation est bien maigre.

Une digne Anglaise surtout, mal initiée aux règles immuables du cloître, insiste avec une ténacité vraiment britannique pour « regâder simplement un petit coup de l'œil sur les palmiers? » Peine inutile, refus formel, il lui a fallu se rabattre sur la purée de pommes de terre et de haricots à laquelle le pauvre Pierre livrait combat avec une résignation digne du Purgatoire.

Une magnifique omelette et des patates terminent le menu de ce festin rustique, arrosé de divers vins rouges et blancs, voire même vin sucré, faits par les trappistes. J'oubliais le gruyère sauveur qui heureusement a le don de dérider mon cher cousin, et le miel des abeilles de Staouéli qui ramènent sur nos physionomies un rayon de soleil.

Notre complaisant cicerone, dont je mets les connaissances à contribution perpétuelle, accepte mes compliments sur les vins de son couvent. Le rouge, me dit-il, revient à 0 fr. 90 cent. le litre, à Paris. Nous avons trouvé le vin de dessert vraiment bon.

Le revenu de la Trappe est consacré aux aumônes de toute espèce, et l'ordre étant hospitalier, il offre gratis la nourriture à tout visiteur qui se présente. Dimanche dernier, il y avait paraît-il, cent-vingt déjeuneurs et hier soixante. Le temps étant incertain aujourd'hui nous n'étions qu'un petit nombre.

J'ai acheté pour les miens des médailles de N.-D. de Staouéli, mais je n'ai pu me résoudre à emporter de l'essence de géranium ; non point qu'elle soit désagréable, mais plutôt parce qu'elle est extrêmement forte. Nos anglaises y ont largement suppléé.

Voici l'heure du retour, et après avoir inscrit nos noms sur le livre où d'illustres visiteurs ont signé depuis tant d'années, nous remercions le bon Père qui nous a pilotés sans relâche depuis notre arrivée, rendant notre visite à la Trappe très intéressante.

J'emporte le souvenir de ceux qui depuis le lendemain de notre victoire de Staouéli, luttent, travaillent et prient pour cette nouvelle France, répandant à profusion leurs aumônes et leurs consolations sur ceux qui les entourent. Qu'il me soit permis de le remarquer en passant, les fameux décrets n'ont pas eu ici leur inique application. Il paraît que sur ce sol africain le moine n'est plus une bête « dangereuse » ; on lui permet même encore de s'y sacrifier à son prochain pour le bien et l'honneur de la Patrie.

Notre voiture s'engage sur la route d'Alger

par le bord de la mer, laissant à gauche la pointe et le fortin de Sidi-Ferruch. C'est sur cette plage que débarqua l'armée française en 1830, sous les ordres du maréchal Bourmont, à la vue de l'armée algérienne. Sidi-Ferruch ! lieu à jamais mémorable dans nos fastes militaires, est le nom d'un marabout célèbre qui passait pour commander à la mer et aux vents. C'est à lui aussi que s'adressaient les femmes désireuses d'avoir des enfants.

Nous laissons à droite la Bou-Zarea d'où l'on jouit d'une vue superbe sur la mer et le plateau. Pescade, que nous traversons, possède un restaurant où l'on vient d'Alger en partie fine, les rochers sur lesquels il est bâti baignent dans les flots bleus de la Méditerranée.

Saint-Eugène, qui est tout voisin de la pointe Pescade, est le faubourg de l'ouest d'Alger, le pendant de Mustapha ; il compte un grand nombre de jolies habitations, mais sa situation ne peut rivaliser avec celle de son concurrent.

Cette route de la Corniche est jolie ; malheureusement, la pluie commence à tomber. Quoi, de la pluie à Alger ? C'est tout au plus digne de notre Normandie à pareille époque ! Hélas ! il faut bien se rendre à l'évidence et presser le trot de nos coursiers arabes pour regagner notre quartier général.

La figure de chacun s'illumine à la vue d'un excellent pot-au-feu qui fume sur la table paternelle, et le brave Courchay qui nous invite à faire honneur à sa cuisine, se réjouit de l'ovation qui lui est faite, sans y trop rien comprendre.

— Purée de haricots staouéliens ! si vous n'étiez depuis beau temps dans nos talons vous auriez pu vous vanter de n'avoir jamais assisté à pareille fête ! Et maintenant voici mon courrier terminé portant vers la France ma pensée à tous ceux que j'y ai laissés; et je m'endors dans un lit que j'estime, temporellement du moins, préférable à celui des bons trappistes ; quoi qu'en pense l'article 7 des fameux décrets, dont je crois l'inventeur jaloux des matelas en noyaux de pêche.

CHAPITRE V

14 Mars.

Départ pénible. — A l'instar du gouverneur. — Ménerville. — En Kabylie. — Azib-Zamoun. — Le marché de Bordj-Menaïel. — Premières caravanes. — Tizi-Ouzou. — Un aimable inspecteur des Messageries. — Attaqués par les Kabyles! — L'Oued Sebaou. — On ne traverse pas tous les jours. — Ascension féerique. — La Suisse africaine. — Les neiges éternelles. — Le Djurdjura. — Chez les Beni-Iraten. — Episode de l'insurrection Kabyle en 1871. — A narrow escape! — Jette oun sô Msio! — Fort National. — Coucher de soleil sur les montagnes. — Réminiscences buccoliques. — Les lièvres kabyles ont des mœurs singulières! — Gymnastique municipale.

Ceux qui nous avaient prévenus que le mois de Mars était souvent pluvieux en Algérie ne nous avaient pas trompés; c'est du moins ce qu'il m'a été permis de constater sans le moindre enthousiasme, lorsqu'à cinq heures mon réveille-matin m'a fait sauter hors du lit. Désolation générale! En Kabylie avec la pluie sur le dos et la perspective de ne rien voir!

Il faut avouer que l'ardeur d'un touriste peut à bon droit se refroidir en pareille occurrence.

D'un autre côté, nos journées sont comptées, et si nous voulons reprendre à Tunis le paquebot du 5 avril, forcé nous est de ne pas perdre un seul jour, étant donné tout ce que nous voulons voir. Bob surtout grogne sous ses couvertures qu'il est inepte de vouloir grimper à Fort-National par ce temps de chien. Je ne connais pas comme lui le climat de l'Algérie, mais ma foi je lui fais bien l'honneur de le supposer à la hauteur de celui de la Normandie. Combien de fois suis-je parti pour la chasse au sanglier par une pluie battante, et.... à l'heure du rapport, ne voilà-t-il pas le soleil qui vous ouvrait un œil sous les grands sapins de Maulevrier, puis deux au son des premiers bien-allers. La forêt s'illuminait aux feux du père Phébus et nos cœurs avec ; enfin après une belle journée l'astre bienveillant se couchait sur l'hallali d'un solide ragot ou de quelque vieux solitaire forcé par la meute de l'oncle E. Pochet.

Or, pouvait-il faire moins pour nous sur cette terre où nous étions venus pour lui rendre hommage ? Je n'en ai pas douté ! Aussi vaillamment secondé par notre fidèle Achates, Jules Philbert, parvins-je à vaincre le semblant de résistance du reste de la bande, voire même à tirer le jeune Bob du sein de ses couvertures.

A 6 heures, nous arrivions à la gare sans avoir eu seulement le temps de casser une croûte. La ligne de l'Est algérien qu'il nous fallait prendre jusqu'à Ménerville, son terminus actuel, a une gare commune avec celle de la ligne d'Oran (C¹ᵉ P.-L.-M.).

Dans notre précipitation, nous étions en avance de quarante minutes, ce qui n'empêchait pas l'employé de crier à tue-tête d'ores et déjà : « Messieurs les voyageurs pour Ménerville, en voiture ! »

On voit d'ici que le départ du train a une certaine importance et l'on s'en rend facilement compte du reste en consultant l'indicateur. Il n'y a que deux trains par jour, l'un le matin, l'autre le soir ; les manquer devient donc un véritable accident.

Le train se compose de wagons de 3ᵐᵉ et de 2ᵐᵉ classe ; la 1ʳᵉ est représentée par un unique compartiment. Le gouverneur et les hautes autorités seuls s'offrent les jouissances d'un sybaritisme aussi raffiné ; or donc, lorsque nous l'avons escaladé avec cette modestie et cette absence de prétention qui nous caractérisent, je vous laisse à penser si les gens nous ont pris pour des Français de Grande-Tente.

Le train s'ébranle, la pluie bat un rappel assourdissant sur les vitres du wagon. Des murmures s'élèvent et l'on délibère pour savoir si l'on ne descendra pas dès la petite gare de l'Agha où mon cousin Raoul Delaroche doit nous rejoindre.

Philbull, dont la grandeur d'âme n'a pas un seul instant faibli (je me plais à lui rendre ici cet hommage reconnaissant), m'aide à refouler l'émeute et malgré l'absence du cousin à l'Agha, nous continuons notre route vers Ménerville.

Le chemin de fer traverse la fameuse et fertile plaine de la Mitidja qui s'étend de l'Atlas au sud, au Sahel et à la mer au nord. La culture y est admirable de richesse.

Il n'y a guère que treize ou quatorze lieues d'Alger à Ménerville, mais comme il s'agit d'un petit chemin de fer de famille, on met trois bonnes heures à les franchir. A l'arrivée, un landau envoyé la veille d'Alger, attelé de deux bons chevaux, nous attend.

Ménerville n'est qu'un gros bourg situé au col des Beni-Aïcha, à l'entrée de la grande Kabylie dont on voit déjà étinceler les crêtes neigeuses ; sa position de terminus sur la ligne de l'Est algérien lui a valu quelque notoriété ; d'ici à quelques mois, cet honneur éphémère lui sera ravi, le raccordement entre le tronçon actuel et celui de l'est dont El-Achir est actuellement la tête devant être terminé en 1886.

Nous avons 80 kilomètres à faire avant d'atteindre Fort-National et la pluie tombe toujours par torrents. Après une hésitation de courte durée, l'on s'installe confortablement dans le landau et à neuf heures et demie nous roulons vers le cœur de la Kabylie au trot régulier mais prudemment calme de notre attelage.

A midi nous nous arrêtons à Azib-Zamoun pour déjeuner. L'endroit n'a rien de remarquable ; on l'appelle plus nouvellement Haussonviller, du nom du président de la Société protectrice des Alsaciens-Lorrains, son créateur en tant que colonie française.

Le village, composé de quelques fermes et d'une église, possède la petite auberge qui borde la route vis-à-vis du caravansérail. L'hôtesse y est aimable et même assez belle femme mais ne possède que trois beefsteaks nerveux, cuits dans de l'huile rance. C'est là il faut bien le reconnaître un assez triste assaisonnement pour rehausser ses charmes, et moi qui traînais depuis ma purée de haricots de Staouéli, stoïquement engouffrée, un mal d'estomac infernal, que l'on juge de ma physionomie !

Philosophe, il faut l'être en voyage, aussi me suis-je évertué à donner le change audit estomac en ingurgitant quelques œufs soi-disant frais, et en conversant avec le curé du village, sur les Kabyles et sur leurs mœurs.

Ce n'est guère qu'en se renseignant ainsi à droite et à gauche, en contrôlant les dires et en les complétant l'un par l'autre, que l'on peut arriver à se former une appréciation aussi exacte et aussi bien établie que possible.

Le digne ecclésiastique était venu serrer la main au passage de la diligence à un collègue qui regagnait sa cure à quelques lieues de là dans la montagne. Les distractions sont rares, les communications difficiles, l'on ne s'aperçoit que de loin en loin et c'est comme un rayon de soleil que l'apparition d'un visage ami, si courte qu'elle soit, dans cette vie de dévouement et de lutte.

Le temps s'est remis au beau et voici le caravansérail de l'autre côté de la route qui brille joyeusement, séchant les pauvres Arabes ou kabyles dont les burnous sont tout ruisselants.

Lors de l'insurrection de 1871 qui fut si terrible en Algérie, ce caravansérail servit de refuge aux colons du voisinage jusqu'à l'arrivée du général Lallemand.

Nous repartons peu rassasiés mais tout joyeux de pouvoir faire ouvrir notre landau.

D'Azib-Zamoun à Tizi-Ouzou il n'y a que

23 kilomètres, le pays commence à devenir charmant. La route suit une large vallée qui mène au centre de la Kabylie. C'est jour de marché à Bordj-Menaïel, aussi croisons-nous ou dépassons-nous de nombreux kabyles poussant leur bétail devant eux et portant dans les outres qui battent les flancs de leurs ânons l'huile de leurs oliviers. Voici même quelques caravanes, les premières que nous rencontrions et rien qu'à regarder le cavalier perché sur son chameau il me semble que j'ai le mal de mer.

L'aspect du marché de Bordj-Menaïel est fort curieux, nous reverrons en passant demain, paraît-il, celui de Tizi-Ouzou qui est de beaucoup plus important.

Du Camp du Maréchal (nom qui rappelle l'installation du maréchal Randon en cet endroit lors de l'expédition de 1857), à quelques kilomètres d'Azib-Zamoun, on aperçoit sur la gauche, de l'autre côté de la rivière Sebaou, un petit fort turc en ruine; il joua un rôle de quelque importance dans les guerres des Algériens avec les Kabyles. Il n'a rien de remarquable, du moins d'après ce que nous avons pu voir de loin, car nous n'avions nulle envie de franchir la rivière à gué pour l'aller inspecter.

A Tizi-Ouzou, gros bourg, chef-lieu d'arrondissement que nous gagnons vers les 3 heures, les turcos ont quelques compagnies de garnison ; c'est même là le centre de leur zone principale de recrutement. Nous y prenons le relai, quatre chevaux qui remplaceront avantageusement ceux qui nous ont amenés jusqu'ici par les routes défoncées.

Monsieur Férusse, l'aimable inspecteur des Messageries nous engage à nous hâter si nous voulons arriver avant la nuit à Fort-National dont 35 kilomètres nous séparent encore.

On se presse, il grimpe lui-même à côté du cocher et avec lui le soleil se montre décidément dans toute sa splendeur ; les nuages se dispersent, et la route semble devenir meilleure car nos roues ne crient plus dans quinze centimètres de boue comme elles le faisaient jusqu'ici.

Nous égrenons à nouveau notre chapelet de kilomètres ; tout à coup, à un tournant du chemin, nous découvrons roulant dans la vallée le fameux oued Sebaou, le grand fleuve kabyle, et au delà, comme un nid d'aigle à mille mètres d'altitude, Fort-National dominant une foule de crêtes et de collines aux innombrables teintes de verdure. La vue est superbe ; voici vraiment la Kabylie dont on nous a tant parlé.

Il nous faut près de trois heures pour parvenir

au terme de notre journée, et nous avons à passer l'Aïssi à gué (1). Le gouvernement a bien fait jeter deux beaux ponts sur le large lit de la rivière asséchée ou à peu près en été, mais extrêmement torrentueuse au printemps lors de la fonte des neiges ; malheureusement il avait compté sans la violence du courant qui a détruit la digue reliant ces deux ponts au centre, de telle sorte que le plus sûr moyen de traverser les deux kilomètres de l'oued Aïssi est encore de se servir du gué primitif.

En descendant la berge, notre voiture est tout à coup assaillie par une horde de trente à quarante Kabyles. Au premier abord nous nous demandons presque si nous allons avoir à faire le coup de feu ? Quelle page dans nos annales de voyage ! mais voici que tout simplement, nos adversaires se jettent les uns à la tête des chevaux qu'ils font entrer dans le torrent, les autres sur la voiture qu'ils poussent en la maintenant sur le gué. L'eau monte par-dessus le marche pied et l'on peut s'imaginer être en bateau. Nos indigènes poussent des cris perçants, barbottent dans la rivière en nous éclaboussant

(1) L'oued Aïssi se jette dans le Sebaou tout près de cet endroit ; il descend des crêtes les plus élevées de la grande Kabylie.

et retroussant gaillardement leur unique vêtement serré à la taille sans aucun égard pour les règles de la décence la plus élémentaire.

Il n'y a pas de dames, mais s'il y en avait j'aime à croire..... qu'elles ne regarderaient pas.

Après avoir ainsi traversé cinq ou six bras ou courants principaux et par-ci par-là de larges espaces de gravier asséché nous touchons enfin à l'autre bord, heureux d'y arriver sans encombre, car la veille à ce qu'il paraît le courant était si violent qu'il avait été impossible de passer.

C'est même là la raison qui avait déterminé l'inspecteur des Messageries à nous accompagner; il craignait que la pluie de la nuit et de la matinée n'eussent rendu le passage impraticable ou fort dangereux.

La vallée est très belle. Sur notre gauche s'élèvent de hautes collines qui séparent l'oued Sebaou de la mer ; sur notre droite, les contreforts du Djurdjura que les nuages nous cachent en partie et sur l'un desquels se dresse Fort-National à 916 mètres d'altitude.

Nos Kabyles nous quittent et sur l'autre berge nous en trouvons une bande qui nous regarde paisiblement passer. Ces deux postes sont commandés de service par le bureau arabe afin de remplir quotidiennement l'office de guides auprès des troupes et des voyageurs. C'est là une corvée que chaque tribu doit accomplir à son tour ; elle est responsable de la sécurité publique et est tenue d'empêcher le passage de la rivière dès qu'il y a danger.

Notre voiture remonte les premières pentes de la montagne et doit parcourir 17 kilomètres de la sorte avant d'arriver au sommet.

A partir de ce moment, à mesure que nous nous élevons, nous jouissons d'un spectacle de plus en plus admirable. La vue s'étend au loin sur plusieurs vallées verdoyantes, entre autres celles du Sebaou, du Borni, de l'oued Aïssi. Nous sommes au cœur de la grande Kabylie dont les milliers de villages garnissent les flancs et les nombreux pitons. C'est un inextricable enchevêtrement de collines.

On a comparé la Kabylie à une petite Suisse charmante de fraîcheur et de verdure. Ici plus de palmiers ou de plantes exotiques, mais en revanche de superbes oliviers, des figuiers, des frênes, des arbres fruitiers en fleurs, hérissant les pentes douces ou abruptes des montagnes que déchirent de profonds ravins buissonneux.

Il semble que pas un pouce de terrain ne soit laissé inculte et l'on se demande quel coin de notre France est plus cultivé, plus habité que cette vaste ruche africaine.

La route grimpe en lacets à pente douce, bordant souvent un précipice, et nous permettant de plonger tour à tour dans la vallée de l'Aïssi qui dégringole du Djurdjura et dans celle du Sebaou ; c'est un perpétuel changement de tableau.

A un tournant du chemin, sur le flanc sud-ouest de la montagne, un cri d'admiration échappe à notre petite troupe. Sur le fond bleu du ciel, la plus haute cime du Djurdjura, la Lella-Khredidja, couverte de neige, vient de percer les nuages qui l'enveloppaient jusqu'ici, le soleil la frappe en plein et voilà que tour à tour sortant de leur burnous blanc toutes ses voisines viennent se chauffer aux bienfaisants rayons de leur ami.

La Lella-Khredidja atteint une altitude de 2,308 mètres et le Tamgout 2,066 mètres. Il n'y a en Algérie qu'une seule montagne qui soit plus haute, c'est le Chelia, dans l'Aurès.

Peu à peu l'immense muraille blanche se dépouille des vapeurs qui nous la cachaient, servant de fond lumineux à ces myriades de crêtes et de pitons de verdure sur lesquels, comme de véritables fourmilières, sont semés les villages kabyles. Nous en voyons de chaque côté de la route, au-dessus de nous, au-dessous, partout où l'œil peut fouiller.

Contrairement à la population arabe qui est fort clairsemée, la population en Kabylie est très dense ; on compte en moyenne 75 habitants par hectare et j'ai lu dans l'excellent ouvrage de M. Gaffarel que dans le cercle de Fort-National, elle s'élevait jusqu'à cent dix-huit habitants, alors qu'elle n'atteint en France que le chiffre de soixante-huit.

Nous voici au cœur de la fameuse tribu des Beni-Iraten dont l'ardeur belliqueuse nous avait si fortement incommodés et qui jusqu'en 1857 n'avait pu être absolument soumise.

Fort-Napoléon, aujourd'hui Fort-National de par la manie grotesque que nous avons de changer les noms, a été élevé par les ordres du maréchal Randon durant les derniers mois de cette année 1857, dans le but précisément de dominer cette population guerrière et de lui rappeler à tout instant que là-haut notre canon veillerait à l'avenir sur ses agissements.

La route qui relie ce point stratégique à Tizi-Ouzou fut faite en vingt jours par nos soldats ; c'était un véritable tour de force, et d'ailleurs lorsqu'en parcourant cette Algérie l'on voit tout ce que nos vaillantes troupes ont pu faire à tous les égards, l'on reste saisi d'admiration en présence de tant de bravoure, de travail, d'énergie et de persévérance.

Désireux de rétablir la circulation du sang, nous descendons de notre landau et faisons un bout de chemin à pied, écoutant les renseignements que nous donne fort gracieusement notre inspecteur des Messageries. Une expérience de plus de vingt-cinq années dans ce pays assure évidemment quelque poids à son discours.

En 1871, lors de la grande insurrection d'El-Mokhrani, M. Férusse était guide en Kabylie et l'anecdote suivante qu'il nous conte tout en grimpant la côte, mérite de trouver sa place dans ces notes de voyage :

« Dans les premiers jours d'avril, nous dit-il,
« je parcourais le Djurdjura et la haute Kabylie,
« servant de guide à deux Anglaises. Ces dames
« voyageaient seules, il n'y a que des Anglaises
« pour avoir cet aplomb-là ! (le galant homme
« n'ajoutait point que leurs charmes sans doute
« n'étaient plus un sujet de péril pour leurs
« ladyships). Le pays était, en apparence du
« moins, absolument tranquille. Le 14 au matin
« nous avions quitté Fort-National pour nous
« enfoncer avec nos mulets dans la montagne et
« je m'étais adjoint un jeune garçon moitié

« arabe, moitié kabyle afin de gagner par un
« raccourci que je connaissais mal un défilé dans
« lequel mes Anglaises s'étaient à tout prix ima-
« giné de passer.

« Vers l'après-midi, par les sentiers, dans les
« villages que nous traversions, je ne fus pas peu
« surpris de remarquer un va-et-vient, une agi-
« tation inaccoutumée. Les regards n'indiquaient
« plus une simple curiosité ou une placide indif-
« férence, l'allure des gens était mystérieuse;
« bref, il me semblait qu'il y avait quelque chose
« de singulier dans l'air. Quelques mots échappés
« à mon jeune auxiliaire achevèrent de me mettre
« entièrement sur mes gardes, et lorsqu'à la
« tombée du soir, il me fallut songer à faire
« reposer mes Anglaises auxquelles je m'étais
« bien gardé de communiquer mes fâcheuses
« impressions, je n'ignorais plus que la route
« était devenue assez peu sûre pour nous.

« Nous nous arrêtâmes dans un village kabyle
« dont je connaissais l'Amin (chef), mais avant
« de m'adresser à lui pour obtenir l'hospitalité
« de nuit, je tins à peu près ce langage à mon
« jeune compagnon: « Ouvre l'œil, mon bon-
« homme, et rappelle-toi ceci : c'est que pour
« tous, sauf pour moi, tu ne sais parler ni com-
« prendre un mot de kabyle ! tu écouteras pieu-

« sement tout ce qui se dira autour de toi et sans
« avoir l'air de rien, en excellent français, tu
« viendras me le rapporter fidèlement. Et main-
« tenant, si tu t'écartes de plus de dix pas, si tu
« dis un seul mot qui ne soit de l'arabe ou du
« français, tu vois mon revolver..... eh bien! si
« la première balle te manque, les cinq autres
« troueront ta jolie peau, aussi sûr que je m'ap-
« pelle Férusse. » Les gens du village nous con-
« duisirent à la Djemâa qui précisément tenait
« conseil.

« A toutes les questions que l'on nous pose en
« kabyle, pas de réponse. Je demande en arabe
« un gîte pour la nuit. Les anciens délibèrent
« sans défiance, et l'on finit par nous conduire
« dans une hutte assez passable où j'installe mon
« monde, après un repas plus que frugal. Nous
« nous roulons dans nos couvertures, mes voya-
« geuses s'endorment et comme je m'apprêtais à
« feindre de les imiter, mon jeune guide me
« touche le bras et me dit à voix basse: « Nous
« sommes perdus, les tribus se soulèvent, j'ai
« entendu les anciens dire que l'on allait massa-
« crer tous les Français!

« En un clin d'œil, je suis debout, résolu à
« tenter quelque chose pour nous tirer de ce
« guêpier.

« J'allais sortir de la hutte, lorsque je me
« trouve en face de l'amin; il me saisit le bras :
« Ecoute me dit-il et fais silence afin de ne pas
« effrayer les femmes. El-Mokhrani s'est levé,
« il s'avance vers l'occident, l'insurrection est à
« une journée de marche ; demain au coucher
« du soleil elle sera ici et les Français désormais
« impuissants pour nous protéger, il faudra nous
« y joindre. Laisse reposer les voyageuses quelques
« heures, et lorsque le jour commencera à
« poindre, sois prêt à partir, je te donnerai une
« escorte qui te ramènera chez les Beni-Iraten ».
« — Inutile de vous dire que je suivis de point en
« point l'avis du digne amin. Deux heures avant
« le lever du soleil, je réveille mes Anglaises,
« sous le prétexte que les chemins sont détes-
« tables, l'étape fort longue, et qu'il faut se
« mettre en route sans plus tarder. Notre escorte
« armée, la route que nous prenions, retournant
« sur nos pas me valurent bien quelques ques-
« tions mais je m'en tirai tout à l'honneur sinon
« de la vérité du moins de mon imagination.
« A quoi bon au fond les effrayer ?

« Des feux de signaux brillaient dans la nuit sur
« les collines, me confirmant, si j'avais eu besoin
« de plus amples preuves, que notre salut était
« dans une fuite rapide. Le jour vint, grâce à

« notre escorte nous pûmes traverser sans
« encombre un pays en ébullition et lorsqu'après
« bien des heures d'une marche précipitée je
« vous l'assure, nous arrivâmes sur une colline
« d'où l'on découvrait Fort-National, notre
« escorte kabyle s'éclipsa et je pus expliquer aux
« filles d'Albion la cause de notre retour en
« arrière.

« Quelques heures plus tard nous rentrions au
« Fort, et le lendemain, ainsi que l'avait annoncé
« le chef, l'insurrection comme un torrent des-
« cendu des montagnes entourait Fort-Napoléon
« qu'elle bloquait jusqu'au 16 juin, date à la-
« quelle après bien des privations et des fatigues
« pour les assiégés, les généraux Lallemand et
« Cérès venaient nous délivrer. »

Nous remontons en voiture, notre attelage prend le trot. De tous les villages kabyles sortent des nuées d'enfants presque tous fort jolis, mais encore moins vêtus que leurs parents. Pendant des kilomètres entiers, ils courent derrière notre landau en poussant des hurlements assourdissants.

Les uns nous crient en italien « Oune soldi signor !! » les autres glapissent en français avec un accent impayable : « jette oune sô, Msio ! ».

Notre cocher peu patient de sa nature et blasé

sur la représentation dont le pittoresque nous intéresse vivement, fait claquer son fouet, jure en français, en arabe et en kabyle, tandis que la musique nous accompagne sans relâche. Parfois la bande se décourage et s'égrène jusqu'au village prochain où la fête recommence avec de nouveaux acteurs. Un petit bonhomme plus persévérant que les autres nous suit un temps infini en murmurant : « Makache papa, Msio ! makache maman, Msio ! jette oune sô, Msio !! » Ce qui veut dire, Pas de papa, pas de maman, donne-moi un sou, Monsieur.

Balek ! ! (gare-là !) Rau fissa (va-t'en vite). Nous avons beau sortir tout notre arabe rien n'y fait et de guerre lasse je lui jette un gros sou. Aussitôt de partout sort une nuée de moutards.

Un minuscule petit kabyle ressemble tellement à mon petit Lionel que je lui jette aussi « oun sô ! ».

Nous croisons la diligence qui descend du Fort et notre inspecteur nous quitte pour regagner Tizi-Ouzou avec elle.

La montée est bien longue, mais elle est si pittoresque, si animée que nous ne nous en apercevons pas. Tout à coup notre cocher nous indique du fouet les remparts de Fort-National que nous avions perdu complètement de vue depuis la route de Tizi-Ouzou au gué de l'Aïssi, et un quart d'heure après nous y faisons notre entrée. Six heures sonnaient.

La population est ici de 190 Français environ ; il y a une garnison composée de deux batteries d'artillerie et de six cents zouaves.

L'hôtel Bénard, le plus luxueux de Fort-National, nous ouvre ses portes ; le télégraphe reliant le Fort à Tizi-Ouzou nous avions suivi le conseil de notre inspecteur des Messageries et envoyé une dépêche pour retenir des chambres et un bon dîner.

En attendant que l'heure de ce dernier soit venue, nous sortons pour admirer un merveilleux coucher de soleil sur la montagne. Le Djurdjura se colore en rose et cela, nous dit notre hôte, est l'annonce d'une belle journée pour demain.

Un léger brouillard s'élève du fond des vallées enveloppant peu à peu les villages Kabyles accrochés aux flancs des coteaux. Je pense à ces vers charmants de Virgile :

> Et jam summa procul villarum culmina fumant,
> Majoresque cadunt altis de montibus umbræ.

Puis comme je me retourne vers notre aubergiste qui nous attend d'un air engageant sur le seuil de son empire, il me semble l'entendre murmurer avec Tytyre :

> Sunt mihi mitia poma,
> Castaneœ molles et pressi copia lactis.

O poésie où vas-tu te nicher? Avant d'obtempérer toutefois, nous profitons de l'existence du télégraphe pour envoyer notre souvenir en France. Puis nous nous apprêtons à faire honneur au fameux dîner.

La vérité me force à dire que nous avions jeté notre or par la fenêtre en télégraphiant à l'hôtelier, le menu n'a rien d'absolument recherché. La salle est pleine d'officiers ou de fonctionnaires ; le zouave qui nous sert annonce pompeusement: *Un civet de lièvre !* mon cousin ouvre une bouche toute souriante ; la première pièce qui lui tombe sous la dent c'est......... une tête de canard!! les lièvres de Kabylie ont des mœurs vraiment bien extraordinaires !

Suivant notre hôte, nous tronquons bien maladroitement notre voyage. Au lieu de retourner à Alger, nous eussions dû traverser le Djurdjura par le col de Tirourda à dos de mulet. C'est en effet là je crois, ce que nous aurions pu faire si nous avions été mieux informés.

Pressés comme nous le sommes cela nous eût

d'ailleurs fait gagner du temps et voir un pays admirable. Le matin même de notre arrivée au Fort, deux jeunes avocats qui étaient venus chasser dans le pays et avaient occis quelques lièvres et sangliers, étaient repartis en suivant ce plan pour gagner Beni-Mansour de l'autre côté de la grande chaîne, puis reprenant la route jusqu'à Bougie.

Je signale cet itinéraire aux touristes ; il est facile à suivre en trois journées.

Fort-National est un point très fortifié et même absolument imprenable ; il domine les mille collines qui l'avoisinent.

Il possède une église et une école..... laïque. Ce noble endroit compte trente-trois votants et le maire est dans le mouvement. Il paraît que l'autre dimanche il dégringolait les pentes intérieures du village en compagnie du maître d'école, tous deux dans un état d'ébriété désespéré, M. Bénard l'hôtelier, en a sagement conclu que quelque utile que fut la gymnastique, son petit garçon n'était pas là pour l'apprendre exclusivement de ces agiles mais trop gais professeurs......... et il l'a envoyé sans plus tarder aux « Curés Blancs » qui ont plusieurs écoles dans le pays et y font paraît-il le plus grand bien. En fait de concurrence, il faut avouer que ce

JEUNES FILLES KABYLES A LA FONTAINE

n'est pas délicat, je dirai même plus, c'est déloyal !

CHAPITRE VI

Quelques mots sur les Kabyles. — Leurs mœurs. — Les Beni-Yenni. — La Djemaa. — Costumes. — La femme Kabyle. — Nos écoles. — Religion. — Les villages. — Intérieurs kabyles. — Culture pratique. — Une belle soirée. — Philbuil assassiné ! — Le matin à Fort-National. — Sur la route de Tizi-Ouzou. — Le dîner de Monsieur de la poste.

Je crois devoir placer ici quelques notes sur les Kabyles, non point que je veuille faire une étude approfondie de leurs mœurs, de leurs usages, de leur organisation politique et religieuse, mais nous sommes en présence de types tellement différents des Arabes (ce que l'on a mis bien du temps à reconnaître), que sans vouloir entrer dans un domaine richement exploité par de nombreux ouvrages, je désire conserver ici quelques indications succinctes.

Les Kabyles sont les anciens occupants du sol, les Berbères refoulés par les divers conquérants de l'Afrique septentrionale dans la montagne. L'étude de cette race vraiment primitive vous reporte à plusieurs milliers d'années en arrière.

Elle se retrouve un peu partout, sur différents points de l'Algérie, et jusque dans les oasis égyptiennes.

Ce peuple admirablement doué a traversé la domination romaine, vandale, arabe et turque en conservant sa physionomie et ses mœurs bien distinctes, et ce n'est que dans ces derniers siècles, en acceptant la religion musulmane, que sa langue si différente de l'arabe, a fini par se fondre quelque peu avec cette dernière et ne plus devenir qu'un dialecte hybride. Les Touaregs du désert, qui sont des kabyles eux aussi, ont seuls conservé leur idiome parfaitement pur.

Ce qui distingue à première vue le kabyle de l'arabe, c'est qu'il ne vit point comme ce dernier, en nomade sous la tente; il habite dans des villages et cultive laborieusement la terre dont il est propriétaire. Cette terre passe de père en fils dans la famille, de telle sorte que l'étranger ne s'y puisse jamais implanter. Il a fallu des circonstances telles que celles amenées par la révolte de 1871 pour attribuer de nombreux terrains confisqués en guise de châtiment, à de nouveaux arrivants, aux colons français.

Le kabyle est aussi travailleur que l'arabe est généralement paresseux ; il est sobre, infatigable, remarquablement intelligent, mais peu instruit. Ses aptitudes industrielles sont développées. Il fabrique des tissus, des armes, des bijoux, et a un faible assez particulier pour la confection de la fausse monnaie.

Notre intention était de pousser jusqu'aux villages des Beni-Yenni, qui comptent certains d'entre eux jusqu'à cinq mille habitants et sont renommés pour leurs ouvriers bijoutiers et armuriers ; malheureusement, il nous a fallu y renoncer et c'est tout au plus si nous avons pu acheter quelques bibelots à leurs colporteurs.

Les Kabyles sont républicains mais sans confédération entre les tribus ou même les villages. L'idéal du gouvernement chez eux est l'autonomie communale ; le pouvoir supérieur est celui de la Djemâa, (conseil des anciens), l'amin (ou maire) toutefois est nommé par le gouvernement et j'ai entendu dire que cette conservation de la Djemâa sur laquelle nous gardons une influence par le choix de l'amin que nous nous sommes réservé, n'avait pas peu contribué à faire beaucoup plus pour notre domination que toutes nos campagnes et nos victoires.

En gravissant les pentes de Fort-National,

nous nous étions souvent demandé ce que faisaient en cercle, assis devant la porte de certaines maisons, ces hommes à l'air grave qui paraissaient admirer comme nous le merveilleux spectacle qui se déroulait sous nos yeux ; je crois qu'il ne s'agissait pour eux ni de poésie ni d'amour de la nature, c'était la Djemâa qui tenait son conseil quotidien et s'entretenait des affaires communes.

Le Kabyle aime passionnément sa patrie ; il a bien plus que l'Arabe le sentiment de la famille ; en général il ne possède qu'une femme. Il paraît néanmoins que certains gros bonnets dont la marmite est plus fournie s'offrent le luxe d'en avoir jusqu'à trois. Grand bien leur fasse, car ces dames sont fort jolies. J'ai d'ailleurs rarement vu une aussi belle race.

Les hommes sont grands, nerveux et admirablement bien faits ; les cheveux qu'ils portent courts sont généralement chatain roux. J'ai trouvé à la plupart des individus que nous avons rencontrés une physionomie assez franche et belle.

Les femmes m'ont paru avoir en général les cheveux bruns et les yeux bleus comme leurs époux, mais quelques-unes sont blondes et ont les yeux très noirs. Elles se les agrandissent au moyen d'un maquillage qu'elles adoptent aussi pour le menton et le cou.

Les hommes portent une chemise courte *Cheloukha*, serrée à la taille, et un burnous blanc. Le costume des femmes ne le cède en rien en simplicité à celui-là; il se compose d'une unique jupe de couleur noire, rouge ou bleue et...... je soupçonne que c'est là tout ce qui constitue leur toilette peu dispendieuse.

Leur coiffure se compose d'une espèce de bonnet-coiffe noir ou rouge, je lui trouve la forme d'un turban-diadème ou quelque chose d'approchant.

Les Kabyles sont extrêmement jaloux de leurs femmes et n'entendent nullement qu'elles se prodiguent devant les étrangers, aussi n'en avons-nous relativement rencontré qu'un petit nombre et de véritablement fort belles.

Elles portent leurs petits sur leur dos dans une manière de sac serré à la taille ; le pauvre moutard est ainsi ballotté, la tête nue exposée au soleil ardent, et si la mère travaille la terre, se penchant et se relevant, l'infortuné petit bonhomme suit les mouvements de l'échine maternelle et semble jouer à lui tout seul un guignol interminable.

J'achèverai ce portrait de la femme kabyle en

disant qu'elle n'a pas, vis-à-vis de son mari, l'infériorité notoire de la femme arabe; sans être son égale à beaucoup près cependant, elle est aimée, travaille avec lui, récite des chants de guerre, le panse s'il est blessé sur le champ de bataille, et souvent, ainsi que nos vaillants soldats en firent plus d'une fois l'épreuve, le ramène au combat auquel elle prend elle-même activement part.

L'hospitalité — l'*anaïa* — est chose sacrée en Kabylie; c'est même là un des sujets de fierté des Kabyles. En revanche, la vendetta existe ici aussi vivace qu'en Corse.

En 1871 les Kabyles ont suivi le mouvement insurrectionnel dont le foyer était la province de Constantine. El-Mokhrani les a forcés, dit-on, à marcher avec lui. Ce qu'il y a de certain, c'est que leur humeur guerrière s'est facilement réveillée et tout en leur accordant à bien des égards plus de confiance qu'aux Arabes, il n'en faut pas moins conclure que pendant bien longtemps encore, ils sont à surveiller activement. Au moment critique, une trop grande confiance pourrait nous jouer un mauvais tour.

Je disais plus haut que ces solides gaillards étaient gens pleins de nerf, nous avons eu, en effet, pendant 15 ou 16 kilomètres, un grand diable qui, histoire de se réchauffer en courant, nous a suivis sans désemparer au pas gymnastique ; de temps à autre, comme le trot de nos bêtes lui paraissait trop lent sans doute, il dépassait l'attelage pour lui donner le bon exemple !

Quelques enfants vont aux écoles françaises. Nous avons pu d'ailleurs nous en rendre compte ; à quelques centaines de mètres de Fort-National, une de nos écoles borde la route et c'était l'heure de la récréation ; le digne magister, entouré de ses petits kabyles, les initiait aux principes de la construction d'un cerf-volant destiné à faire concurrence aux aigles de la montagne. Le brave homme doit avoir souvent du fil à retordre avec ce jeune troupeau dont la douceur n'est peut-être pas assimilable à celle de l'agneau. Mais ces enfants sont intelligents et avec de la persévérance ceux qui se dévouent à leur instruction auront, je n'en doute guère, l'honneur et la satisfaction d'en avoir fait des amis de la France.

J'ai dit plus haut que les Kabyles étaient mahométans ; ils appartiennent à un schisme de la religion musulmane et y sont très attachés. Ils ont leurs marabouts eux aussi et la vaste association secrète des Khouans compte parmi eux de nombreux adhérents.

Un prêtre avec lequel j'avais lié conversation

en route me disait que défense était faite à notre clergé, à nos missionnaires de catéchiser les tribus kabyles, et l'on cite comme un trait extraordinaire la demande faite dernièrement par un chef à un curé voisin de l'instruire lui et ses enfants dans la religion chrétienne. Le desservant a dû en référer à Mgr de la Vigerie qui lui-même devra s'adresser au gouvernement à cet égard. Il y a là une mesure de politique coloniale dont le sens me paraît faussé : le gouvernement, en édictant la défense dont il s'agit, a voulu, dit-on, éviter que le fanatisme musulman inquiet des progrès de notre religion ne se réveillât pour provoquer de nouvelles révoltes, c'est là ce me semble un mauvais calcul.

Pourquoi tout en défendant l'exagération dans la catéchisation des indigènes, exagération parfois intempestive peut-être, n'a-t-on pas tout au moins compris qu'il était beaucoup plus impolitique d'opposer un veto absolu ? Si je ne me place qu'au point de vue administratif, ne semble-t-il pas que le jour où ces populations travailleuses et intelligentes auront notre foi, leurs mœurs souvent sauvages s'adouciront graduellement, la communauté d'idées religieuses aussi bien que celle des intérêts journaliers nous les attacheront et cela bien autrement que le joug le plus sévère.

On aura détruit radicalement la cause au lieu de réprimer l'effet qui renaît à la première occasion.

Ce qui se passe à la surface entière du globe, partout où nos missionnaires ont pénétré, n'est-il pas une preuve suffisante de cette vérité. Quelque part que lutte l'Européen ne rencontre-t-il pas en général sympathie et assistance de la part des tribus converties au Christianisme? Je ne crois donc pas émettre une fausse appréciation en disant qu'il est regrettable de voir que de semblables entraves puissent être mises officiellement à la conversion des Kabyles. Au surplus est-il possible de craindre de ce chef un réveil du fanatisme capable d'entraîner un soulèvement même partiel?

Non certes, le pays est trop solidement occupé et les révoltés ont été trop dûrement châtiés pour chercher à recommencer de sitôt. Les Kabyles, quant à présent, paraissent plus disposés à travailler et à nous vendre leurs produits qu'à se révolter.

Après la religion du Kabyle je ne crois pas devoir oublier un trait qui peut compléter la courte peinture que j'ai voulu en conserver dans ces notes. La poésie le charme! et c'est avec délices qu'il s'oublie en écoutant l'un des siens inspiré par les muses de Kabylie.

Les villages nichés sur les flancs des collines ou sur des pitons souvent escarpés se composent d'un enchevêtrement de maisonnettes en pierres inégales, blanches ou grisâtres. Elles sont uniformément basses, avec un toit en tuiles rouges. Les fenêtres font défaut, à peine si le mur est percé d'une lucarne étroite qui ressemble bien plutôt à une meurtrière et permet de jeter un coup d'œil au dehors.

Par la porte entr'ouverte nous avons pu remarquer succinctement un entassement d'hommes et d'animaux pêle-mêle sur le sol. Les premiers dorment sur une manière de lit de camp, tandis que femmes et enfants grouillent dans une seconde pièce. Les seuls ornements de cet intérieur primitif sont de grands vases de terre qui contiennent l'huile et le grain.

La propreté semble, relativement du moins, totalement méprisée. Les maisons sont séparées par des rues étroites, véritables labyrinthes. Dans le village kabyle de Tizi-Ouzou, elles ont chacune un petit jardinet potager.

La grande production de ces montagnes dont pas un pouce de terrain n'est laissé inculte, est l'olive. L'huile est absorbée par les indigènes en guise de boisson paraît-il, et l'on attribue à cette habitude la faculté qu'ils ont de ne jamais gagner d'insolation, bien qu'ils soient très souvent nu-tête.

La vigne vient ensuite ; à Fort-National le litre de vin se vend deux sous. Il s'agit naturellement d'un petit vin de terroir, mais il n'a pas mauvais goût.

Les pêches se vendent dans la saison quinze sous le cent. Notre hôte affirme qu'elles valent bien celles de Montreuil??.....

Pour cultiver les pentes abruptes de son domaine, le Kabyle est souvent obligé de s'entourer les reins avec une corde dont il fixe l'extrémité supérieure au tronc d'un arbre ou même aux solides poignets de deux ou trois parents complaisants. La charrue ne pouvant être employée dans la montagne, il fouille le sol de son petit champ à l'aide d'une large pioche.

La propriété est extrêmement divisée, et par là même qu'elle ne sort que rarement de la famille, il y a parfois plusieurs propriétaires pour un olivier.

Le bétail se compose en général de petites vaches de la taille de nos bretonnes, d'ânons qui servent à transporter les outres gonflées d'huile, les fruits, le bois et le charbon, etc.

Il n'y a plus, à proprement parler, de Caïds en Kabylie, le gouvernement leur a donné le titre de présidents de cercles ; leur signe distinctif est le manteau rouge, et comme ce sont en général des gens comme il faut, ils portent des bas ou des chaussettes et des souliers. Tandis que nous déjeunions à Azib-Zamoun, il y en avait une douzaine qui dégustaient entre amis le kaoua traditionnel.

Avant d'arriver au Fort, à l'un des tournants de la route, nous avions aperçu une maison construite à l'européenne, et contrastant avec les huttes indigènes du voisinage ; elle est habitée par deux riches chefs qui firent en 1871 cause commune avec nous contre l'insurrection d'El-Mokhrani. Le gouvernement leur a en récompense donné la croix de la Légion d'honneur et leur a fait présent de quelques mille francs.

En voici bien long peut-être sur les Kabyles mais cette période de mon voyage m'a tellement intéressé que malgré sa brièveté, j'ai voulu lui faire une part un peu plus large dans mes notes. Mais revenons à notre petit groupe que nous avons laissé en train de s'expliquer avec les civets et autres apprêts fantaisistes du cuisinier Bénard.

Le repas terminé, l'hôtelier en galant homme, se constitue notre cicerone. Il nous conduit à l'un des plus beaux points de vue du village. Le froid est intense, mon frère et mon cousin outre leurs gros pardessus se sont drapés dans leurs couvertures de voyage.

Le ciel est d'une pureté admirable ; la lune se lève toute pâle au-dessus de l'immense muraille neigeuse du Djurdjura, les étoiles scintillent au-dessus de nos têtes. Le panorama qui se déroule à nos pieds est enchanteur, les vallées et les ravins sont à demi noyés dans la brume du soir que perce çà et là quelque lumière ou quelque feu kabyle, et le silence de la nuit n'est troublé que par l'aboiement lointain de quelque chien de garde.

La grande ruche est endormie............. Chez nous aussi le sommeil revendique ses droits, la journée a été fatigante. Nos chambres sont bonnes et bien que Bob, qui est déjà venu ici, prétende qu'à peine couchés nous serons pris d'assaut par une armée de cancrelats, je n'en ai pas moins dormi jusqu'à six heures du matin sans désemparer et je dois à la vérité et à la réputation de monsieur Bénard d'affirmer que je n'ai pas eu la visite, apparente du moins, de quelque insecte que ce soit.

Le pauvre Philbull moins heureux n'était pas sitôt couché et endormi, qu'il est réveillé par un vacarme affreux. Il se précipite sur son revolver et s'apprête à recevoir l'insurrection qui trouble ainsi son repos,…… renseignements pris auprès d'un monsieur qui traverse sa chambre en maugréant, il ne s'agit que d'un voisin qui pour regagner son propre appartement, avait vigoureusement démoli l'échafaudage de chaises que notre ami avait construit devant sa porte dépourvue de clef et de verrou. C'est dommage, quel épisode pour nos notes de touristes: Philbull assassiné… non!!…. massacrant la tribu des Beni-Iraten! quelle page!!

15 Mars.

La diane des Zouaves me réveille à six heures en même temps que le soleil qui rougit mes vitres. Je secoue mes dormeurs qui ronflent comme des toupies, et à sept heures après un léger déjeuner et un petit tour dans le village, nous remontons dans notre landau et quittons le Fort.

Cette descente de la montagne ne le cède en rien à l'ascension ; le tableau qui de toutes parts se déroule sous nos yeux est ravissant ; il revêt même un air de fraîcheur et de gaîté qu'il n'avait pas le soir. Le ciel est sans un nuage. Le Djurdjura s'embrase aux feux de l'aurore ;

dans le fond des ravins et au loin sur l'oued Sebaou, à quelque 900 mètres sous nos pieds, de blanches vapeurs flottent indécises en attendant que l'heure ait sonné pour elles de remonter au ciel.

Un poète kabyle, j'imagine, dirait que ce sont là, burnous et cheloukhas que les âmes des Marabouts ont étendus dans la vallée en guise de couche nocturne, et que la brise matinale replie vers les montagnes.

Tous les différents tons de verdure, depuis le vert sombre de l'olivier jusqu'au vert tendre des figuiers, les arbres fruitiers en fleurs qui semblent s'accrocher aux flancs des collines sont d'un effet charmant.

Comme la veille, des villages s'envolent des nuées d'enfants qui assaillent notre voiture ; mais comme nous filons grand trot, ils ne tardent pas à s'essouffler, d'autres les remplacent plus bas. Les hommes partent pour leur travail, les femmes sur leurs portes nous regardent curieusement passer.

Là-bas, traversant l'oued Aïssi, nous distinguons une longue file de kabyles à pied, à dos d'âne ou de mulet, qui transportent leurs denrées au grand marché de Tizi-Ouzou.

Ce marché se tient tous les samedis, l'on y

vient de fort loin, les routes et sentiers sont couverts de monde et c'est chose curieuse que de voir ces burnous blancs par groupes de cinq, de dix, de vingt individus poussant leurs vaches, leurs chèvres ou leurs ânes devant eux. Quelques cavaliers ont le burnous bleu ou rouge. Les femmes sont très clairsemées.

Nous repassons l'Aïssi et nous jetons de loin un dernier regard sur Fort-National dont les bastions blancs et les toits rouges brillent au soleil du matin.

Un déjeuner luxueux nous attend à Tizi-Ouzou et je dois ajouter qu'il lui est fait honneur : truffes et foie gras, rien n'y manque, nous n'en revenons pas.

Le village kabyle auquel nous rendons visite est très curieux. Avant de remonter en voiture, je cours jusqu'à la petite église de l'endroit.

Notre relais pris nous regagnons la route de Ménerville, le soleil darde sur nous ses rayons de plomb et nous souffrons réellement de la chaleur. A trois heures et demie nous sommes à Ménerville où nous trouvons le train pour Alger.

Trois heures trente minutes pour faire quatorze lieues! il faut s'armer de patience. A chaque station le train reprend longuement des forces ;

je ne réponds même pas qu'il ne recueille les voyageurs en route. Tant bien que mal nous tuons le temps à l'aide du bezigue japonais.

A l'Alma, je pense un instant que l'on s'arrête pour la nuit, silence absolu, les voyageurs, les chauffeurs, tout le monde dort sans doute ; .... soudain ! un coup de sifflet ! Ah ! le train va partir.......... bougeons pas ??? nouveau silence........... second coup de sifflet ! Ah ! cette fois-ci ! ! !.......??? pas du tout ! On entend une voix venant de la locomotive et du plus pur marseillais. — « Allons, Mossieu de la Poste, ... quand vous aurez fini. « C'est le courrier qui est en retard sans doute. Au bout de deux minutes environ Mossieu de la Poste sort de la gare, située en face de son wagon dont la portière est restée ouverte ; il a la bouche pleine.

Le malheureux dînait ! c'est probablement son heure, et on le dérange ! !

A la station suivante, même répétition. Ah ! mais.......... il a sans doute une invitation pour prendre le café ? si c'était sa fête après tout ?..... C'est égal pour peu que cela dure avec le petit verre et la surrincette nous arriverons demain matin à Alger.

Mon père qui nous attendait pour dîner à six heures et demie, ne voyant pas le train arriver

7

avait demandé à la gare l'heure à laquelle on l'attendait. « On n'en sait rien ! » lui avait-il été répondu. C'était plus prudent et d'ailleurs on n'ignorait peut-être pas que « Mossieu de la Poste » avait des invitations en route.

CHAPITRE VII

16 Mars.

La pointe Pescade. — Au marché de Bou-Farik. — La Mitidja. — Déjeuner à l'Oued-el-Halleug. — Une exploitation modèle. — Koleah. — Le Marabout de Sidi-el-Eubchi. — L'hospitalité d'un colon. — Déjeuner sylvestre. — Vue prise du tombeau de la chrétienne. — Légende du Kbour. — Carottiers arabes. — El-Affroun. — La ligne d'Oran. — La Blidah aux orangers.

Nous avons déjeuné à Mers-ed-Debban, autrement dit à la pointe Pescade, je puis ajouter mal déjeuné. Il paraît que le chef (un cordon bleu), est allé passer un mois dans sa famille. Celui qui le remplace ferait bien de l'imiter. Enfin il est convenu que l'on ne vient pas ici pour bien manger, mais pour bien voir. La vue est en effet charmante sur cette mer indigo dans laquelle plongent ces grands rochers blancs. Nous visitons les ruines d'un bordj (fort), construit par El-Hadj-Ali-Agha. Nous voulions aller au cap Caxine et aux gorges de Radjel-Afroun dans la Bou-Zarea, mais nous sommes pressés par l'heure et nous devons rentrer à Alger sans avoir fait cette promenade.

Demain nous allons Bob et moi rendre visite à deux de mes amis, colons dans la Mitidja, tandis que le reste de la bande doit visiter Blidah et les gorges de la Chiffa.

17 Mars.

Nous avons quitté Alger de bonne heure par le train d'Oran. Nous sommes en nombreuse compagnie de colons qui se rendent comme nous au fameux marché de Bou-Farik, le plus important des environs d'Alger. La voie ferrée s'engage dans la fertile plaine de la Mitidja : Cette immense étendue de terrain est limitée au nord par le Sahel qui la sépare de la mer et par la mer elle-même, et au sud par l'Atlas. Le Sahel n'a guère que 400 mètres d'altitude maxima tandis que l'Atlas élève ses crêtes à 1,000 et

1,640 mètres de hauteur. La Mitidja s'étend en longueur sur cent kilomètres environ et sa largeur moyenne est de 22 kilomètres.

Cette belle plaine a été le théâtre de nombreux combats depuis les temps les plus reculés jusqu'aux jours de notre conquête, actuellement elle est à juste titre considérée comme le jardin potager et le grenier de la province d'Alger, fertilisée qu'elle est par les torrents descendus de l'Atlas. L'eau de ces torrents est en été conservée à l'aide de nombreux barrages réservoirs.

La population européenne de la Mitidja avec ses nombreuses villes et villages était en 1882 de 26,000 habitants. La terre, à l'état inculte, vaut relativement des prix considérables. On paye en moyenne l'hectare de bonnes vieilles vignes plantées de quatre mille à cinq mille francs, c'est du moins ce que me disait à la Trappe de Staouéli le Père qui nous pilotait.

Nous descendons du train à Bou-Farik en compagnie de l'un de mes amis qui nous a offert l'hospitalité pendant quelques jours dans son exploitation de Sidi-el-Eubchi près Attatba. Il désire auparavant nous montrer le plus célèbre marché de la Mitidja, ainsi que la belle propriété de M. Arlès Dufour à l'Oued-el-Halleug.

Bou-Farik est une charmante petite ville de

8,000 habitants environ parmi lesquels près de 2,000 Français. A voir ces belles avenues qui la relient à la gare, on se croirait aux environs de Paris, ne se doutant guère qu'à cette même place s'étendait, il y a quelque cinquante ans, un marais pestilentiel habité par les sangliers et les bêtes fauves, et au milieu duquel s'élevaient la blanche koubba de Sidi Abd-el-Kader ed Djilani et un puits ombragé par quatre arbres dont les branches servaient de potences à la justice des caïds.

Petit à petit, grâce à la persévérance de nos officiers et des colons, ces marécages se sont assainis et Bou-Farik est devenu un véritable verger admirable de fraîcheur et de fertilité. De nombreux établissements industriels s'y sont fondés, entre autres des distilleries de plantes odoriférantes.

Aujourd'hui la ville présente une animation extraordinaire à cause du marché qui se tient à gauche de la route de Blidah, dans un immense enclos planté de beaux arbres et au milieu duquel s'élève un grand caravansérail avec écuries, abattoirs et mosquée. Mes amis nous pilotent aimablement à travers cette foule bariolée d'arabes et de colons. Chaque lundi, quatre à cinq mille indigènes fréquentent le marché de Bou-Farik.

Le trafic principal porte sur les bestiaux, bœufs et vaches, moutons indigènes ou de sang croisé. Quelques chevaux s'y vendent aussi et les Arabes nous prenant pour des amateurs les font trotter et galoper devant nous, ces bêtes n'ont d'ailleurs rien de remarquable.

M. Arlès Dufour que nous retrouvons là nous invite fort gracieusement Bob et moi à déjeuner avec lui à l'Oued-el-Halleug après le marché, en compagnie de mes deux amis Smith et de deux autres colons.

Le reste de notre bande reprend le train afin d'aller visiter Blidah et pousser en voiture jusqu'aux gorges de la Chiffa.

La route que parcourt le break de M. Arlès Dufour pour nous conduire à son exploitation est bordée de riches cultures. A l'Oued-el-Halleug renommé pour ses sources abondantes, nous trouvons un excellent déjeuner offert avec une cordialité qui n'a d'égal que notre appétit. La maison située au milieu d'un beau jardin est fort coquette ; notre hôte l'habite en été avec sa famille.

Depuis vingt ans M. Arlès Dufour demeure en Algérie; son exploitation passe pour l'une des plus belles et des plus perfectionnées de notre colonie africaine ; il y a dépensé une énergie, une persévérance, une intelligence qui en font à juste titre une autorité en matière agricole.

Avec beaucoup de grâce il nous fait tout visiter. Sa ferme modèle est une ville véritable dans laquelle les bestiaux me paraissent infiniment mieux logés et soignés que les tribus arabes qui les ont précédés dans la Mitidja. Aération, ventilation, accommodements des stalles dans les écuries et les étables, wagonnets sur rails transportant la nourriture des silos ou des greniers aux auges du bétail, dénotent chez le propriétaire une étude approfondie des questions qui l'ont passionné depuis longues années.

Tout en ne connaissant rien à l'agriculture, j'ai éprouvé le plus vif intérêt à passer en revue la basse-cour, les silos, les bergeries renfermant des animaux de races pures et de grand prix, taureaux, bœufs, vaches, moutons. Les écuries contiennent de beaux chevaux parmi lesquels un admirable étalon anglo-syrien.

Les vignes donnent ici un excellent rendement, de vastes chais et caves abritent une récolte abondante. Mais la journée s'avance et après avoir remercié notre hôte de son très aimable accueil, nous nous installons dans la voiture de Smith dont l'aîné nous avait rejoints à l'Oued-el-Halleug pour déjeuner.

Par un chemin tracé dans la Mitidja, nous piquons au grand trot de deux bons arabes vers le Sahel. Nous traversons une forêt en grande partie sous l'eau; les dernières pluies ayant inondé la Mitidja, au grand désespoir des colons. Certes, il faut de l'eau et beaucoup, mais de là au déluge actuel il y a une nuance très accentuée; les mauvaises herbes ont envahi les vignes, et il faut se livrer à des travaux longs et coûteux pour sauver les jeunes pousses.

Au milieu de la forêt, près de la route, campe une batterie d'artillerie dont les hommes font leur provision de bois.

Notre chemin de traverse débouche sur la route de Koleah que nous atteignons bientôt. Cette bourgade, construite à l'européenne, sur les ruines de l'ancienne ville arabe, s'élève sur le versant méridional des collines du Sahel. Sa population de 4,000 habitants environ compte à peu près 1,500 Français. Koléah a été un camp retranché assez important établi sur l'ordre du maréchal Valée afin de surveiller le rivage de la mer d'un côté et de l'autre les forêts de la Mitidja qui regorgeaient de tribus hostiles. Le jardin des Zouaves dont un bataillon tient ici garnison est joli à visiter; il est planté sur l'*Ank-Djemel — Cou de chameau —* sur des coteaux et ravins au fond desquels murmurent de frais ruisseaux ; il contient de nombreux orangers.

Nous gagnons le village d'Attatba dont mon ami Smith est maire et quelques kilomètres plus loin, nous apercevons sa ferme et son exploitation de Sidi-el-Eubchi à cent mètres de la route sur le versant des derniers coteaux du Sahel.

La situation en est charmante et pour des colons je les ai trouvés très confortablement installés. La fenêtre de notre chambre donne sur la plaine, nous offrant le riant tableau de verdure de la Mitidja aux cultures entrecoupées de caroubiers, d'oliviers et d'eucalyptus. Les bâtiments de ferme disposés en quadrilatère ont une cour intérieure ; sur un côté la maison d'habitation, sur les trois autres, les écuries, étables, greniers, magasins et logement des arabes et ouvriers.

L'exploitation Smith a 750 hectares dont une certaine partie est encore non défrichée. De plus à 4 kilomètres 1/2 de Sidi-el-Eubchi, mes amis ont acheté 150 hectares de terrain sur 20 desquels ils ont planté de la vigne l'an passé ; ce n'est donc que dans trois années qu'ils feront leur première récolte.

A cinquante mètres environ de la ferme s'élève le marabout de Sidi-el-Eubchi. Ce saint personnage est un descendant de Mahomet, et à une certaine époque de l'année les Arabes viennent ici en grand nombre pour prier sur son tombeau. Nous sommes entrés dans la petite chapelle qui ne renferme absolument rien de curieux en dehors de la tombe du marabout et de celle de deux saints de moindre importance.

Notre soirée s'est passée à deviser des choses et des amis d'autrefois, de notre Normandie, de la vie de colon, des Arabes et..... que sais-je?

18 Mars.

Après une excellente nuit, nous quittons la ferme, fusil en bandoulière et la voiture nous conduit jusqu'à la propriété de mes amis située sur le même versant que Sidi-el-Eubchi.

Dans un grand bois vierge nous cherchons un endroit propice pour mettre le couvert et déjeuner. La table (un tronc d'arbre) est bientôt organisée et nous faisons honneur à ce festin sylvestre.

Le bois est fort touffu; les arbres sont en majeure partie des oliviers, des caroubiers, des chênes, des thuyas; il y a quelques palmiers mais en petit nombre.

Le fermier qui habite sur la colline, à quelques

centaines de mètres de là, et qui a monté les provisions sur son ânon est un mahonnais.

Nous voyons fréquemment se glissant sous les troncs et les hautes herbes des tortues de terre, qui contrairement à celles que l'on trouve dans les cours d'eau ou les étangs sont excellentes à manger.

Il faut quitter le frais ombrage du bois pour gravir la colline rocheuse sous un chaud soleil. Le gibier que nous cherchons d'ailleurs fort mal et sans chiens est assez récalcitrant, quelques perdrix rouges, des cailles nous font de loin leurs plus gracieux sourires et c'est là le moindre de mes soucis.

Le but de notre excursion est tout autre que la poursuite quand même de ces pauvres innocents. Au sommet du Sahel, sur les terres de Smith s'élève en effet un monument curieux et connu des touristes sous le nom de *Kbour-er-Roumia*. Tombeau de la Chrétienne ou de la Reine.

Nous le voyons grandir à mesure que nous nous en rapprochons et bientôt nous nous trouvons au pied d'un haut édifice rond, à l'apparence d'un cône tronqué de 30 mètres d'élévation et dont le soubassement carré a 63 mètres sur chaque face. La base de ce monument est ornée de colonnades d'ordre ionique au-dessus desquelles commencent des gradins de hautes pierres de taille qui vont en rétrécissant leur plan circulaire jusqu'au sommet.

Des savants ont établi que ce mausolée avait servi de sépulture à une dynastie de rois Maures; d'autres ont avancé que l'on se trouvait là en présence du tombeau de Syphax, roi des Massæsyliens ou de Cava fille du comte Julien, gouverneur de l'Afrique. Enfin les restes de Juba II et de Cléopâtre Séléné y auraient été déposés.

Nous escaladons le monument et parvenus sur l'espèce de plate-forme qui le termine, nous jouissons d'une vue superbe. Au nord, la Méditerranée étend sa nappe tranquille depuis la pointe de Sidi-Ferruch dont on distingue vaguement le fort grisâtre, jusqu'au cap qui supporte le Chenoua; la masse énorme de la montagne baigne majestueusement dans les flots calmes en surplombant le petit village de Ti-Pasa; au sud, la plaine de la Mitidja que barre la haute muraille de l'Atlas dont les pics les plus élevés se trouvent juste en face de nous à 1,500 ou 1,600 mètres d'altitude (le pic de la Mouzaïa et l'Abd-el-Kader situés l'un à l'ouest, l'autre à l'est des gorges de la Chiffa que nos amis ont été visiter hier sans nous). Enfin vers l'occident, le massif imposant du Zakkar haut de 1,600 mètres.

Et tandis que nous admirons ce beau panorama, assis sur une grosse pierre placée, on pourrait le croire, exprès pour nous servir de fauteuil, écoutons la légende du Kbour, car dans ces pays musulmans tout a sa légende ; et voici celle que content les Arabes toujours grands amateurs et chercheurs de trésors :

« Un arabe de la Mitidja, Ben-Kassem, était
« prisonnier en Espagne. Il pleurait du matin
« au soir sa liberté ravie et ses amis, ses champs
« et ses montagnes désormais perdus. Un jour,
« touché de ses larmes, son maître lui parla en
« ces termes : — Je te rends la liberté, Ben-
« Kassem, mais à une seule condition, c'est que
« tu vas jurer de faire strictement ce que je te
« commanderai ; il n'y aura, je l'ajoute, en cela
« rien qui soit contraire à ta religion. Pars pour
« ton pays et trois jours après ton arrivée dans
« ta famille, va au Kbour-er-Roumia sur le
« Sahel, et là, le visage tourné vers l'Orient,
« brûle le papier que voici. Alors, quoi qu'il
« arrive, de quelque étrange spectacle que tu
« sois témoin, ne bouge ni ne parle ! A cette
« seule condition tu es libre !

« Ben-Kassem jure et part. Arrivé dans sa

« famille, il passe trois jours avec elle et puis se
« rend au Kbour-er-Roumia afin de remplir
« fidèlement sa promesse.

« Agenouillé vers l'Orient, il brûle le parche-
« min dont il est porteur. Tout à coup le tom-
« beau s'ouvre et voilà qu'une nuée de pièces
« d'or et d'argent s'en échappent, filant vers le
« pays des Chrétiens. Au premier moment tout
« va bien, notre arabe ne bronche pas. Mais
« quoi ! va-t-il laisser s'envoler le trésor tout
« entier, pièces d'or scintillant au soleil d'une
« si provocante façon ?.... notre homme n'y peut
« plus tenir et..... ma foi il bondit, jetant son
« burnous dans l'espace afin d'arrêter ce qu'il
« pourra de cette fortune immense. Aussitôt le
« mausolée se referme et l'arabe confus s'éloigne
« le remords dans l'âme.

« Ben-Kassem ne put résister au besoin de
« confier son secret à quelques amis ; aussi
« l'aventure ne tarda-t-elle bientôt pas à venir
« aux oreilles du pacha Salah-Raïs. Ce dernier
« envoya de nombreux ouvriers afin de détruire
« le tombeau et s'emparer du trésor qu'il conte-
« nait. A peine ces gens avaient-ils commencé
« leur travail de destruction qu'une femme chré-
« tienne apparut au faîte du tombeau, étendant
« ses bras sur le lac au pied de la montagne. On

« l'entendit alors crier d'une voix stridente :
« « Halloula ! Halloula ! viens à mon secours,
« Halloula ! » Aussitôt une nuée immense de
« moustiques s'abattit sur les travailleurs et les
« mit en fuite. »

La légende ne dit pas ce que devint Ben-Kassem.

J'ose espérer pour lui que malgré son crime Halloula ne l'aura point donné en pâture aux moustiques et que le brave espagnol, son ancien maître, se sera philosophiquement contenté de ce qui avait pris le chemin de son coffre-fort sans s'inquiéter du restant.

Quoi qu'il en soit, telle est la légende du tombeau de la Chrétienne qu'un autre pacha plus expéditif que Salah-Raïs voulut faire démolir à coups de canon vers la fin du siècle dernier pour y trouver les soi-disant trésors qu'il renfermait. La canonnade n'ayant donné aucun résultat si ce n'est celui d'abîmer le revêtement est du mausolée, il y renonça.

Sous le patronage de l'empereur Napoléon III, des fouilles et des recherches ont fait découvrir des corridors et des salles souterraines d'un développement de près de cinq cents mètres et l'on n'a presque rien trouvé.

Nous n'avons pu pénétrer dans l'édifice et

nous, regagnons notre voiture qui nous remet à l'exploitation de Sidi-el-Eubchi afin d'ouvrir le feu sur les cailles qui foisonnaient..... il y a quelques jours.

Je veux placer ici une petite anecdote qui peint bien le caractère essentiellement « carottier » des arabes auxquels plus qu'à qui que ce soit s'appliquent les fameux vers de notre bon La Fontaine :

> Laissez-leur prendre un pied chez vous,
> Ils en auront bientôt pris quatre !

Sur la route nous sommes abordés par deux arabes conduisant une de ces grandes charrettes à foin attelée de deux bœufs; la charrette est vide et ces hommes sont, paraît-il, les domestiques du marabout d'Attatba.

Après tous les *salamaleks* d'usage, ils demandent humblement à nos amis la permission de prendre à la meule de foin voisine de la ferme deux ou trois bottes pour le cheval de leur maître, ce qui leur est accordé.

Notre chasse terminée plus tôt que nous ne le pensions faute de gibier à plume, nous rentrons à Sidi-el-Eubchi. Que voyons-nous, s'apprêtant à filer sans fracas? nos deux arabes qui avaient bondé leur charrette de foin, la meule entière y était passée ou à peu près.

En présence de ce procédé indélicat, le maître de céans intima l'ordre formel à nos deux farceurs de décharger illicò, jusqu'à la dernière, les bottes de foin qu'ils destinaient au marabout, ce qu'ils firent, assez penauds d'ailleurs. Si cela avait pris c'eût été parfait..... malheureusement ça n'avait pas pris! *Ab uno disce omnes;* il paraît qu'il faut se méfier. Conclusion : les arabes sont un brin voleurs! en disant cela je crois mettre dans le choix de mes expressions une grande dose de charité chrétienne.

Avant la fin du jour, nous allons jusqu'à Kandouri, une exploitation appartenant à M. Arlès Dufour, et voisine de celle de nos amis. Un de nos compatriotes hâvrais, le fils de Coninck y est en apprentissage agricole avec plusieurs jeunes gens. Ce genre de vie leur plaît beaucoup; ils sont d'ailleurs assez bien installés, et chassent dans leurs moments de loisir les sangliers du voisinage avec une petite meute qu'ils ont organisée *ad hoc.*

19 Mars.

Nous avons dit adieu à nos amis Smith ou du moins à messire James à six heures du matin, les remerciant de leur gracieuse hospitalité. Son frère nous conduit avec sa voiture à travers la Mitidja jusqu'à El-Affroun, station située à 69 kilomètres d'Alger. Tous ces temps derniers il eut été absolument impraticable de prendre ce chemin de traverse ; ce n'est que depuis hier que l'on peut sans crainte de rester embourbé s'aventurer par là. Deux heures après et non sans de nombreux cahots qui me donnent de vives inquiétudes pour les ressorts du véhicule, nous atteignons El-Affroun, bourgade traversée par l'oued Djer aux confins du pays des Hadjoutes.

Cet oued Djer qui coule entre des oliviers et des lauriers-roses se réunit à la Chiffa pour former le Mazafran.

Quelques lieues plus loin sur la route d'Oran, au milieu des collines et des ravins qui naissent à l'extrémité occidentale de la Mitidja, se trouve la station thermale de Hammam-Rir'a, dont l'établissement a été fondé à grands frais par M. Arlès Dufour, le frère de notre hôte de l'Oued-el-Halleug. Hammam-Rir'a est la ville d'eaux la plus fréquentée de l'Algérie.

Le train n'est pas encore signalé. Nous entendons les sons d'une musique ; c'est la fanfare du séminaire de Blidah qui vient assister à une messe dans l'église d'El-Affroun. Mais au loin ronfle le train d'Alger, une bonne poignée de main à l'ami A. Smith et nous filons sur Blidah en laissant à droite Mouzaïaville, élevée sur les ruines de la Velisci des Romains, au col du Tenia, les gorges de la Chiffa que nos amis ont visitées sans nous, ainsi que le ruisseau des Singes. Ils n'ont vu aucun de ces quadrumanes ce jour-là ; il y en a cependant un assez grand nombre dans les bois qui couvrent les montagnes. Le train s'arrête à Blidah, la ville aux orangers et aux fraîches fontaines, la reine de la Mitidja. Blidah possède 18,000 habitants dont plus de 3,600 Français. La garnison est assez importante. Sa situation au pied de l'Atlas couvert d'arbres jusqu'au sommet, au milieu de jardins délicieux sur l'oued El-Kebir est véritablement exceptionnelle. Détruite en 1867 par un tremblement de terre elle fut reconstruite avec de larges rues et de belles places qui en font une ville très agréable et florissante.

Il faut partir, car nous devons être à Alger pour l'heure du déjeuner, mon père réunissant quelques amis à notre intention. Nous avons d'ailleurs à organiser notre départ pour Bougie, les gorges du Chabet-el-Akra que l'on nous a tant recommandé de voir, et enfin le reste de notre voyage en Algérie et Tunisie. Or, nous n'avons plus que deux jours devant nous. Ces préparatifs nous prennent le reste la journée, nous devons aller par mer à Bougie avec nos billets circulaires, le bateau part le vendredi soir.

CHAPITRE VIII

La secte des Aïssaouas. — Notre ami le chef. — Pratiques religieuses. — Un monsieur qui joue au bilboquet avec sa tête. — Orchestre infernal. — Des gens qui n'ont pas l'estomac délicat. — Une Anglaise au cœur sensible. — Plus fort ! — Scorpions au cactus. — Enfoncés Lucile et Donato. — Pierre en Mamamouchi. — Palais mauresques. — Faux départ. — L'archevêché. — Adieux à la capitale algérienne.

epuis notre arrivée à Alger, nous nous étions promis d'assister à une séance d'Aïssaouas, secte religieuse fanatique. Bob qui connaît l'un des chefs (un armurier de la ville arabe) a fini par arranger les choses, et la représentation est pour ce soir.

Aussitôt le diner nous grimpons dans la ville arabe ; la soirée est comme toujours ici fort chaude et c'est pour les estomacs délicats un

TOMBEAU ARABE — FEMME EN PRIÈRE

fameux moyen d'opérer la digestion, la rue Annibal se trouvant tout en haut du quartier indigène.

Notre guide nous fait entrer dans une maison mauresque dont la cour intérieure bien éclairée à l'aide de lampes appliquées aux murailles est peu spacieuse. Sur trois côtés se tiennent au premier rang une vingtaine de français et d'anglais, voire même une fille d'Albion, et à peu près autant d'arabes au second rang ; le quatrième côté est réservé aux Aïssaouas. Notre ami le chef nous a fait garder derrière eux le meilleur divan, de telle sorte que nous sommes comme qui dirait aux fauteuils d'orchestre.

Ma cousine Julie Delaroche monte au premier étage, selon la coutume qui sépare les femmes des hommes. Sur le balcon se penchent des mauresques aux yeux brillants comme des charbons ardents dans l'ombre de la galerie.

La séance est commencée. C'est un vacarme épouvantable : Huit ou dix adeptes aïssaouas accroupis en cercle à l'orientale frappent à tour de bras sur leurs tambourins en s'accompagnant de la voix sur un rhythme horriblement monotone. De temps à autre, l'orchestre infernal semble vouloir respirer, le chef alors murmure d'une voix traînante et nasillarde un verset que le chœur reprend consciencieusement en frappant de plus belle sur ses instruments. Jamais la forge, car c'en est une véritable, ne prend un instant de répit.

Devant le chef est placée une petite table arabe sur laquelle sont disposés des clous aiguisés, de longues aiguilles, une grande feuille de figuier de Barbarie hérissée de ses piquants, des pierres, des morceaux de verre, et dans une vieille boîte à cirage une famille de scorpions ! Pouah !

Le chef exhibe ces derniers de temps en temps afin de leur faire faire un petit tour de promenade sur les nattes de la cour, à la grande frayeur de l'Anglaise assise en face de nous.

Tout à coup un vieil aïssaoua placé le plus à droite se lève comme mû par un ressort et poussant un hurlement d'hyène blessée vient se jeter aux pieds de « l'officiant ». Il se roule sur le sol puis se relevant péniblement il se livre en cadence avec l'infernale musique à des contorsions de possédé accompagnées de hideuses grimaces. Les cris inhumains qui sortent de sa bouche écumante surmontent parfois le vacarme des tambourins. Ce digne adepte a vraiment le cou disloqué, sa tête par moments ressemble à une boule de bilboquet vacillant de droite, de gauche et prête à retomber dans le vide ; heureusement en sommes-nous quittes pour la peur, elle tient solidement au cou du propriétaire, malgré tout son bon vouloir de s'en défaire en l'honneur de Mahomet.

Puis quand il s'est bien grisé de mouvement et......... d'harmonie, il se jette sur des cailloux, des clous rouillés et des morceaux de verre que lui tend le vénérable pontife, et au moment où le vacarme atteint les proportions d'un ouragan, il les avale à la plus grande satisfaction des spectateurs et spectatrices du premier. Heureux estomac ! que je t'envie ! Les mauresques de la galerie expriment leur enthousiasme par les traditionnels youyouyouyous !!!.......... et le premier sujet à moitié fondu regagne sa place en se roulant convulsivement à terre et dansant une petite gigue finale, histoire de faire passer la pieuse collation. Il est dès lors pour ses camarades un objet de respect, car il a été tout bêtement visité par l'esprit du Prophète. Il fallait bien ça pour soutenir une danse pareille avec un tel entrain, sans parler de l'absorption des aliments que je me permettrai de qualifier d'indigestes !

Le second sujet, un vieillard comme le précédent, répète la cérémonie mais varie les plaisirs en posant ses pieds sur un brasier ardent ; une odeur nauséabonde de corne brûlée se répand dans l'assistance dont elle choque audacieusement le nerf olfactif. Remarquons en passant, sans amertume d'ailleurs, que le numéro deux a le cou moins souple que le numéro un, mais dans son genre il a bien du mérite aussi !

Deux autres gaillards, également possédés de l'esprit du Prophète ou de quelque saint de sa famille marchent sur les traces de leurs anciens en se brûlant le ventre et la poitrine au moyen de torches embrasées dont ils caressent ensuite leurs bras et leurs jambes.

Ils frappent en cadence de la paume de leurs mains des pelles rougies au feu, ou bien ils y posent leurs doigts et leurs pieds qui grillent et qui fument de la plus riante manière. Ce n'est plus une forge c'est un atelier de maréchal-ferrant. Mais voici l'heure des rafraîchissements : Le grand-prêtre (notre armurier) leur tend alors une énorme feuille de figuier de Barbarie sur laquelle ils se jettent comme deux chiens affamés sur une charogne, à qui mieux mieux ils y mordent à belles dents ; chacun par un bout ; une bave verdâtre coule sur leur menton, inondant leur visage et leur poitrine, tandis que leurs grognements de fauve surmontent le tapage de l'orchestre.

La noble fille d'Albion désireuse sans doute de leur faire un bout de concurrence, ou bien peut-être afin de n'être pas en reste de politesse avec ces pieux aïssaouas profite de la circonstance pour faire revenir son propre dîner sur le dos d'un monsieur émerveillé du spectacle.

Mon cousin Raoul de son côté devient livide et peu s'en faut qu'il n'offre aussi son repas du soir aux enfants de Mahomet. C'est tout simplement écœurant, mais cela devient tellement grotesque que nous nous tordons de rire.

Le chef m'avertit que je vais voir encore mieux : « Cailloux, assez fort ! me dit-il sentencieusement, clous et aiguilles, fort ! fer rouge plus fort ! scorpions ! très fort ! ! » — « Et le cactus ? lui dis-je, c'est la salade ! » « La salade ? ah ! bon la salade ! très bon la salade ? » et voilà mon bonhomme qui se met à rire comme un fou en communiquant ma prosaïque réflexion à ses coreligionnaires qui bientôt se tordent sur leurs nattes. Allons ces vénérables augures comprennent la plaisanterie. C'est égal je ne savais pas les amuser à si peu de frais.

Mais attention ! « Les scorpions tu vas voir ! très beau les scorpions ! » Et sa main se lève majestueusement vers le ciel constellé d'étoiles. Il tire les intéressantes bêtes de leur boîte à cirage et les déposant sur son tambourin, il les passe à la ronde. C'est hideux à voir. Notre anglaise se tourne prudemment vers la muraille, et nos deux adeptes auxquels le chef a présenté le plat saisissent délicatement les scorpions qu'ils ingurgitent en les croquant au préalable comme de simples pommes de terre frites. Le tout assaisonné de prières, de danses, de convulsions et de quelques bouchées de cactus tandis que les « youyouyous.... » perçants des mauresques penchées sur le balcon achèvent de griser les pauvres diables.

Un nouvel adepte, me paraît être de qualité inférieure, ses contorsions manquent d'enthousiasme, il désire évidemment bien faire mais il n'y a pas en lui l'étoffe suffisante. Il a l'air absolument idiot, saluant bêtement en cadence tout en exécutant gauchement sa danse infernale. Je communique ma remarque au chef qui se penche vers moi. « Lui pas bon, me dit-il, vaut rien ! .... pas fort !!! bon à rien, tu sais !....... rien du tout !! » Il a l'air découragé ; et congédie le pauvre diable qui n'a d'ailleurs pas avalé le plus petit clou, le moindre morceau de verre.

Ses remplaçants ont pour spécialité de se transpercer le nez, la langue, les joues, la gorge, le ventre, les bras et les jambes avec de longues aiguilles. On peut sentir la pointe de l'autre côté,..... si le cœur vous en dit !

Mais l'heure s'avance et comme tout ici-bas doit avoir une fin, même les plus belles choses, le vacarme cesse, les chants meurent dans le gosier des aïssaouas, et notre ami le chef, déposant son tambourin encore vibrant d'harmonie, nous prévient que « C'est fini ! » et que « le fils il va nous reconduire.... en percevant la somme convenue ! »

Cette petite fête avait duré trois heures ou à peu près. Nous étions sourds, et je me félicitais de n'avoir pas une migraine à tomber par terre.

De tout cela on emporte comme un souvenir de vaste fumisterie ! et je me dis que si les aïssaouas peuvent, comme le prétendent certains écrivains, être réellement de dangereux fanatiques, ce sont dans le présent cas de rudes farceurs ! !

20 Mars.

Notre journée s'est passée en partie à courir les bazars. Pierre et Philbull se sont redonné le malin plaisir de s'affubler, à titre d'essai, de tous les costumes orientaux du brave Abder-Rhaman ;

on aurait juré monsieur Jourdain en Mamamouchi !

L'heure du départ approche ; Alger attristée s'en est voilé la face et les gros nuages blancs qui tamisent la vive lumière du soleil africain lui donnent un grand air de mélancolie ; elle se voile comme ses mauresques, pour nous bouder un brin. Toutefois, dans l'intérêt même de sa réputation, je l'engage à se montrer à nous avant le moment des adieux dans ses plus beaux atours.

Nous visitons quelques palais, entre autres ceux qui servent actuellement l'un de Préfecture, l'autre de Cour d'appel, sous la conduite d'un aimable ami de mon frère, M. Pigalle, conseiller de préfecture.

21 Mars.

Nous jetons un dernier coup d'œil à la ville arabe et après quelques visites d'adieu à ceux qui ont bien voulu contribuer à nous rendre le séjour d'Alger si agréable, nous terminons nos préparatifs de voyage ; ce soir, à minuit, nous devons en effet nous embarquer à bord du bateau de Bougie.

....

Mais le vent est si violent, la digue est si

blanche d'écume, on voit au loin les lames courant les unes après les autres à l'assaut du cap Matifou avec une telle furie, que mon cousin Raoul Delaroche, qui doit nous accompagner dans l'intérieur, sentant faiblir son cœur déclare qu'il renonce aux dangers de la navigation et opte pour la voie de terre ferme. Comme en somme je n'ai pas non plus un penchant exagéré pour le doux balancement des flots et le petit baquet qui en est pour moi le corollaire obligé, je me décide sans peine à imiter son exemple. Nos deux compagnons, par pur dévouement, imposent alors silence à leur passion nautique et retiennent comme nous leurs places à la diligence de Ménerville à El-Achir ou Bordj-bou-Harreridj.

Puis, après un excellent dîner, nous regagnons nos lits pour puiser dans un sommeil bienfaisant les forces nécessaires au voyage, écoutant la tempête qui fait rage au dehors et la Méditerranée qui bat sans merci les brise-lames et la grève.

22 Mars.

Certes le temps n'est pas engageant, le ciel est toujours gris, mais le baromètre monte et cela nous remet un peu de baume au cœur.

Nous profitons de nos dernières heures de liberté avant le départ pour visiter l'archevêché. L'intérieur en est curieux. Il y a là une belle cour mauresque et quelques jolies pièces dont les plafonds anciens sont en bon état.

Les portes en bois sculpté sont d'un style charmant; les arabes dont le goût était fort douteux avaient jugé excellent de les faire peindre, pour ne pas dire badigeonner. On a réussi à en gratter quelques-unes de façon à les rendre à leur état primitif, lorsqu'on aura pu en faire autant des autres l'ensemble sera d'un effet très agréable.

Monseigneur de Lavigerie est le prélat occupant le local en qualité d'archevêque d'Alger, mais il est actuellement très souvent en Tunisie où il rend au catholicisme comme à la France de bien précieux services.

A cinq heures, nous disons adieu au jeune Bob et à mon bon père dont l'hospitalité nous a fait doublement jouir de notre séjour à Alger en y transplantant pour nous un coin de *Home!* et une demi-heure plus tard le train nous emmène avec une sage lenteur vers Ménerville que nous n'avions guère compté revoir de si tôt.

CHAPITRE IX

Une auberge à Ménerville. — Son altesse le pharmacien. — Tribulations nocturnes. — Pour respirer l'air pur du matin. — La diligence. — « Quand il y en a pour deux, il y en a pour......... quatre », devise des Messageries algériennes. — Un voisin poli mais......... importun. — L'Isser. — Les gorges de Palestro. — Le sort des Colons en 1871. — Pruneaux bienfaisants. — La ligne de l'Est algérien. — Un merveilleux panorama. — Le quartier général de Bombonnel. — Une panthère indiscrète. — Bordj-Bouira. — Un hôtel modèle. — Balthazar réparateur.

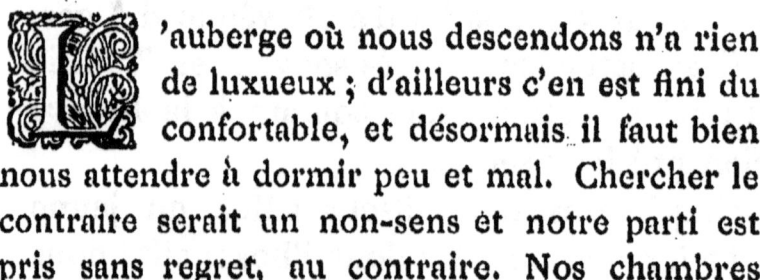'auberge où nous descendons n'a rien de luxueux ; d'ailleurs c'en est fini du confortable, et désormais il faut bien nous attendre à dormir peu et mal. Chercher le contraire serait un non-sens et notre parti est pris sans regret, au contraire. Nos chambres sont relativement convenables.

Il y a ici un pharmacien qui est un homme bien considérable (j'ignore s'il est membre du Conseil municipal, mais il doit l'être); j'avais envoyé la bonne de l'auberge me chercher de l'eau de Vals.......... elle est revenue en disant que la chose était impossible. « Le pharmacien est donc fermé ? cependant il n'est pas neuf heures ? » — Oh bien non, Msieu, il est chez lui ! » — Eh bien alors ?......... » — « Oh mais Msieu c'est qu'on ne peut pas le déranger comme çà ! » L'argument était sans réplique, aussi ai-je rentré mon indignation. Peste, quelle diable d'audace que la mienne ! Supposer que j'avais le droit de déranger monsieur le pharmacien de Ménerville pour quelques bouteilles d'eau de Vals ! quel toupet !! C'est égal, s'il est toujours aussi chaud commerçant que cela, il mettra un certain temps à édifier sa fortune.

Le mieux à faire est de se coucher pour se préparer aux vingt-quatre heures de diligence suivies de douze ou quatorze heures de chemin de fer que nous avons en perspective d'ici à Constantine.

23 Mars.

S'endormir cela va encore, mais persévérer dans le sommeil c'est une toute autre affaire. Je l'ai appris à mes dépens.......... Vers minuit je suis réveillé par un vacarme épouvantable, des claquements de fouet, des jurons, des coups de poing à défoncer la porte de la cour mettent l'hôtel en remue-ménage. Il paraît que l'aubergiste a l'oreille dure !...... mais enfin il se décide sans doute à passer un indispensable et à ouvrir aux nouveaux venus, car de ma chambre située au-dessus de l'entrée, j'entends une voiture rouler avec fracas sous la porte-cochère et pendant plus d'une heure la discussion entre l'irascible voyageur et l'hôtelier se poursuit dans la cour sans que je puisse fermer l'œil............ A peine commençais-je à ronfler à nouveau que d'autres cris se font entendre dans la cour......... Cette fois, c'est un voyageur qui veut partir et appelle de toute la force de ses poumons le garçon chargé d'atteler son cheval.......... Il paraît que sa voiture est perdue........... pas moyen de la retrouver......... c'est vraiment il faut l'avouer une mauvaise fumisterie...... son fouet...... sa couverture, à la rigueur cela se comprendrait mais sa voiture !! ah ! !....... Du fond de mon lit je m'indigne avec lui et si c'est possible plus fort que lui, car la nuit s'avance et ma montre marque quatre heures et demie......... Je commençais malgré tout à m'assoupir quand un formidable coup de poing ébranle ma porte et me fait sauter au plafond. « Hein, quoi ?........ Que voulez-vous ?..... Il n'y a donc pas moyen de fermer l'œil dans votre auberge, sapristi ! ! » — « Allons !

allons ! Msieu il est cinq heures et demie !! » — « Eh bien ! quoi ? qu'est-ce que ça me fait !!?? » — Mais Msieu !.......... c'est-y-pas Msieu qu'a dit qu'on le réveille à cinq heures et demie ?? » — « Flanquez-moi la paix ! c'est un peu fort par exemple, on ne peut pas dormir tranquille ici ? diable de boîte !! c'est dégoûtant ! » Et j'entends le garçon qui s'éloigne en grommelant : « En vlà z'un qu'est entêté ! ah !........ et pis y viendra dire tantôt qu'on l'a pas réveillé......... j'connais ça !.......... et pis il appelle l'hôtel une boîte encore........... » le reste de la réflexion se perd dans l'escalier............

Il ne me reste plus qu'à espérer pour « le vrai Numéro », celui qui voulait être réveillé à cinq heures et demie, que le tapage l'aura tiré de ses rêves.

Le coq chante et je reconnais que c'est de la présomption que de vouloir prendre un repos quelconque en cette maudite auberge.

Heureusement le soleil qui caresse d'un rayon d'or le nez de l'infortuné touriste vient faire une joyeuse diversion, je me lève en sursaut, et sans crainte à cette heure matinale de scandaliser les populations, je goûte en costume léger la bienfaisante fraîcheur des coteaux kabyles sur l'unique balcon de l'auberge.

Peu à peu le village se réveille aussi, les fenêtres et les portes s'ouvrent, les chiens aboient, les enfants crient, et la cloche de la petite église vient par son joyeux carillon me rappeler que c'est aujourd'hui dimanche. A la hâte je fais ma toilette et je cours m'informer de l'heure de la première messe......... La première messe ! ! ! ??? j'étais simple vraiment ; il n'y en a qu'une, la grande ! et naturellement nous roulerons en diligence en plein pays Flissa à l'heure où le serpent de la paroisse (le bon serpent s'entend !) perlera dans ses arcanes métalliques le *Kyrie Eleison* de mes jeunes années.........

Le temps est merveilleux ; cela nous était bien dû, quel triste voyage nous aurions entrepris sous la pluie !

Voici la diligence attelée de ses sept chevaux. Nous avons retenu deux places de coupé et tout le cabriolet qui, je le remarque en partant, a un carreau cassé ; gare le froid dans la montagne pour la nuit prochaine !

Nous installons sous la bâche notre bagage et............ mon eau de Vals ! ! Le pharmacien, ce haut personnage, a fini par consentir à se déranger ; elle était paraît-il dans sa cave, et passé une certaine heure il a pour principe de n'y pas descendre........ je regrette vivement de l'avoir un peu sévèrement jugé la veille! Il y a si peu d'hommes ayant des principes arrêtés et s'y renfermant immuablement! Raoul reste dans le coupé, nos trois places du cabriolet en font à peine deux peu confortables mais.... sur l'assurance de l'inspecteur que nous parviendrons à nous asseoir, nous nous y....... calons Pierre, Philbert et moi, tant bien que mal. La quatrième place est occupée par le conducteur des Messageries, fils de notre cocher, ainsi que la conversation nous l'apprend en route.

Le diable c'est que la capote du cabriolet tombe si bas qu'il nous est impossible de nous tenir droits sur notre séant; penchés en avant ou en arrière, en zig-zag ou en pelote, c'est tout ce que nous pouvons faire. Voyageurs inexpérimentés, que cela vous serve de leçon, évitez le cabriolet sous peine de gagner une courbature en règle ; je devrais ajouter pour être vrai : redoutez aussi le coupé dans lequel vous ne pouvez étendre vos jambes et d'où vous voyez mal le paysage, et enfin : fuyez l'intérieur de la voiture sous peine d'y étouffer, d'y devenir sourd et enragé sans y jouir davantage du pays que vous êtes venus visiter............ Cela soit dit pour le jour ; quant à la nuit.......... mais n'anticipons pas !

Un individu qui « s'exguce dé son âgzent

étrancher » il aurait pu dire sans exagération de son fort jargon germanique, occupe la troisième place du coupé. Nous le soupçonnons fort d'être un officier prussien et d'ailleurs la suite ne fit que nous confirmer dans notre conviction. Inutile de dire que le monsieur en est pour ses frais de conversation, nous lui témoignons plus que de la froideur ; au reste il finit par s'en apercevoir et se contente de cultiver activement son guide. Pour le moment je le laisse en tête-à-tête avec Raoul qui peste en son for intérieur, et cela se conçoit d'autant mieux que le brave cousin fait prisonnier sur le champ de bataille en 1870-71 a goûté de quelques mois de captivité en Allemagne.

La route que nous suivons est véritablement fort belle. Elle traverse le pays des Flissa (Kabylie occidentale), et les travaux de la ligne ferrée (raccordement de Ménerville à El-Achir) qu'elle suit presque constamment, lui donnent une grande animation. Nos sept chevaux arabes enlèvent bien la monumentale machine, le soleil frappe d'aplomb sur la capote, mais heureusement au moins nous ne manquons pas d'air et le chemin se fait gaiement.

Quelques marchés kabyles se tiennent par-ci par-là, les gourbis des ouvriers de la voie ferrée se rencontrent à chaque pas. Ces gens font sauter le rocher au moyen de mines, et au loin le son repercuté dans le labyrinthe des montagnes prend les proportions d'un grand roulement d'artillerie.

A diverses reprises nous traversons l'Isser (rivière torrentueuse), qui semble s'être creusé un passage dans le roc pour aller se jeter à la mer. Ici l'on perfore le massif montagneux pour établir un tunnel, là ce sont les arches gigantesques d'un pont que l'on jette sur le torrent dans lequel des jeunes filles kabyles lavent..... le peu de linge dont se sert leur famille.

Nous atteignons bientôt les gorges de Palestro au fond desquelles roule avec fracas l'oued Isser. Ces gorges sont une des beautés de l'Algérie et viennent immédiatement au premier rang après celles du Chabet-el-Akra, sur la route de Bougie à Sétif. Comme nous avons dû renoncer à voir les dernières nous sommes enchantés de celles-ci.

On entre dans les gorges de Palestro un peu après le village des Beni-Amran, au pied du massif montagneux du Bou-Zegza. Imaginez-vous deux immenses murailles à pic, au pied de l'une desquelles la route a été taillée en corniche et comme suspendue au bord du torrent. De véritables cascades de cactus et des bouquets de bois tapissent le rocher. On affirme que l'on y voit encore des singes, mais nous n'avons pas eu le temps de nous en rendre compte.

Lorsque nous penchons la tête en dehors du cabriolet pour juger de la hauteur du rocher qui nous surplombe, nous éprouvons un véritable vertige. La route semble tout à coup barrée par une avancée de la montagne et c'est dans un tunnel de quatre-vingts mètres environ que s'engage la diligence.

Ce sont là de véritables travaux d'art qui à eux seuls suffiraient pour donner à ces populations laborieuses une haute idée de notre génie et de notre bienfaisante influence. Le défilé devient moins étroit au bout de deux kilomètres et nous franchissons l'Isser sur un pont élégant d'une seule arche, jeté au-dessus d'un riant village kabyle tout verdoyant d'arbres fruitiers.

A Palestro, où nous arrivons vers midi, la diligence s'arrête pour prendre le relai. Nous jetons un rapide coup d'œil au village avant de déjeuner.

Palestro se trouve dans une situation pittoresque au sommet d'une colline que l'Isser baigne sur trois faces, dominé par des montagnes rougeâtres d'une certaine élévation parmi lesquelles on remarque le Tegrimmo (1,030 mètres), pic culminant du massif des Beni-Khalfoun.

Lors de l'insurrection de 1871, les malheureux habitants s'étaient réfugiés dans l'église et le presbytère. Ils s'y défendirent courageusement contre des milliers de kabyles descendus de la montagne. A bout de munitions et de force, ils se rendirent : Cinquante furent massacrés sur place un peu avant l'arrivée du colonel Fourchault qui accourait à leur aide, cinquante autres furent heureusement sauvés par les kabyles eux-mêmes dès qu'ils apprirent la marche forcée de nos braves soldats, désireux qu'ils étaient de faire valoir cet acte de clémence.... relative.

Un grand fort a été élevé sur le plateau ; l'on pourra ainsi faire face à tout orage nouveau, si ce qu'à Dieu ne plaise, nos malheureux colons se trouvaient quelque jour en butte aux attaques des tribus.

Tout en nous apitoyant sur le sort de nos infortunés compatriotes, nous ne perdons pas de vue le déjeuner que nous offre la brave femme qui tient le petit hôtel voisin. Le festin nous paraît maigre et, détail intime, je me dois contenter pour ma part d'un plein compotier de pruneaux que je trouve sur la table..... Au dernier de ces fruits nous entendons claquer le fouet de l'automédon ; en hâte nous regagnons les hauteurs de notre perchoir, et le véhicule reprend son vol sur la route.

A droite, à gauche de nombreux kabyles cassent du caillou, tandis que leurs femmes le chargent sur leurs ânons pour le porter aux ouvriers du chemin de fer.

Quelques-unes d'entre celles-ci sont vraiment fort belles, et à les voir dans ce costume si original on oublie presque que la propreté est chez elles une vertu bien inappréciée.

Pour en revenir à la voie ferrée à laquelle on travaille assez activement, les ingénieurs affirment qu'elle sera complètement livrée à la circulation d'ici à deux ans ; on pourra donc se rendre d'un bout de l'Algérie à l'autre par les moyens rapides, comme aussi pousser jusqu'à Tunis de la même manière, le raccordement entre Soukharras et Ghardimaou devant être achevé dans le courant de 1884 (1).

Pour les gens pressés, ce sera précieux, et au point de vue stratégique l'avantage que nous en tirerons sera véritablement inestimable. Notre système d'occupation y puisera une force toute

---

(1) C'est chose accomplie depuis l'été de 1884, pour le raccordement entre Ghardimaou et Soukharras.

nouvelle, et les communications, les transports de marchandises donneront à la longue aux districts voisins une importance capitale.

Avec une voie ferrée parallèle le long du littoral, l'organisation du nord de notre colonie serait parfaite à ce dernier point de vue. Les Romains d'ailleurs nous ont donné un exemple excellent à suivre ; ils avaient établi une voie qui reliait Icosium (Alger) à Saldæ (Bougie), en traversant dix autres grandes villes.

Palestro se perd dans la verdure des collines ; sur notre gauche s'élève majestueuse la muraille infinie du Djurdjura découpant ses pics neigeux sur le bleu foncé du ciel africain.

La beauté du paysage nous fait tant soit peu oublier les crampes et les douleurs de notre situation « harengsauresque », je finis néanmoins par ne plus sentir ma jambe droite, tandis que Philbull a perdu l'usage du bras gauche ; quant au jeune Pierre il constate avec regret l'absence d'une partie essentielle de son individu sur laquelle il avait cru pouvoir s'asseoir selon l'usage.

Heureusement, relayons-nous toutes les deux heures environ, ce qui nous permet de sortir de notre baril et de rendre un peu de vie aux membres si cruellement traités.

La circulation bien rétablie, nous regrimpons dans notre cabriolet aux appels du cocher.

Sur le chemin, de loin en loin, nous apercevons une maisonnette européenne décorée du titre d'auberge; par-ci par-là un grand chariot embourbé depuis plusieurs jours au moment des grosses pluies.

Une fois même nous trouvons le passage impossible, il nous faut quitter les hauteurs d'où nous dominons la situation, et la diligence ainsi allégée se risque dans une ornière, seule coulée praticable qu'a laissée une énorme charrette enterrée jusqu'à l'essieu.

Nous dépassons Sidi-Othman et l'oued Djemâ qui arrose les plaines fertiles du Hamza.

La route qui depuis Palestro suivait parallèlement la chaîne du Djurdjura, encaissée dans un dédale de collines, infléchit à droite, et vers cinq heures et demie nous débouchons dans une plaine charmante qui descend en pente douce jusqu'au joli village de Bordj-Bouïra.

C'est un changement subit de décor. Le panorama qui se déroule sous nos yeux est véritablement idéal; il y a là une variété de teintes charmante, depuis le blanc rosé des pics du Djurdjura éclairés par le soleil couchant, jusqu'au vert sombre des forêts qui entourent Bouïra. A l'ouest, la plaine s'étend à perte de vue et prend en s'éloignant les nuances violettes d'un immense tapis de velours. Au midi, des plis de terrain d'un rouge brique jettent une note claire au milieu de la verdure des bois.

A quelque distance, sur la gauche, notre conducteur nous indique la ferme de Bombonnel le tueur de panthères. Nous sommes, en effet, dans le quartier de prédilection de ces dangereux carnassiers. Bombonnel, nous dit-il, en a tué sept il y a quelques semaines et deux la même nuit il y a quinze jours. Les panthères descendent quelquefois de la montagne pour se promener sur la grand'route.

Il y a quelques mois, par un beau clair de lune, la diligence montait une côte à plusieurs kilomètres d'ici, au delà du Bordj-Bouira ; tout à coup, notre cocher voit son attelage s'arrêter net...... et à vingt pas en avant...... une belle panthère...... s'apprêtant à bondir...... Le conducteur arme son revolver, mais avant qu'il ait eu le temps de viser l'incommode voyageuse, les sept chevaux avaient, avec une effrayante rapidité, fait demi-tour comme un seul homme, et la diligence pivotant sur place s'était trouvée un instant suspendue au-dessus du précipice qui borde la route....... On en fut quitte pour la peur et pour redescendre la côte plus vite qu'on ne l'avait montée.

Bordj-Bouïra est une charmante bourgade de quatre cents et quelques habitants, construite sur l'emplacement de la ville arabe de Hamza, sur la rive gauche de l'oued Sahel.

Les turcos y ont une ou deux compagnies et leurs coquets uniformes bleu ciel, ressemblent dans le village endimanché à de frais bluets semés dans la moisson. (L'image est peut-être un peu poétique pour ces gaillards-là, mais j'ai parlé de l'enveloppe et non pas du contenu!)

C'est ici que nous faisons la grande halte ; et tandis que l'on change de chevaux et de diligence pour la nuit, nous entrons à l' « Hôtel de la Colonie », aux instantes prières d'un estomac auquel les modestes pruneaux du déjeuner n'ont qu'à moitié réussi à donner le change.

L'hôtel est gentil, ma foi! cela vous a un petit air confortable tout réjouissant. On nous a réservé, sur la recommandation de notre conducteur, une petite salle particulière. Une nappe blanche sur la table, une jardinière remplie de fleurs, des couverts bien propres, dans les raviers de petits radis d'un rouge vif, de vertes olives, du beurre, des anchois, le tout délicieusement frais ; aux croisées des rideaux drapés à l'italienne, un bon feu qui flambe dans la cheminée pour combattre les vapeurs du soir,..... ma foi nous nous regardons littéralement abasourdis !

Vous souvient-il de ce digne Colladan (Brasseur) entrant avec sa bande provinciale dans un fin restaurant du boulevard afin d'y manger une partie de « la Cagnotte » ?.... Eh bien, j'imagine que nous avions quelque analogie avec la susdite société, tant notre ahurissement était profond.

Le maître de l'hôtel, serviette sous le bras, nous débite le menu du ton d'un homme rompu aux usages des bons endroits :

« Potage printannier.
« Vol-au-vent financière.
« Civet de lièvre.
« Gigot d'agneau aux flageolets.
« Perdreau rôti.
« Choux-fleurs sauce blanche.
« Petits pois.
« Crème au café.
« Dessert assorti.......... »

Il dit....... et nous nous retenons pour ne pas lui sauter au cou ; mais un murmure approbateur s'élève dans la salle et d'un commun accord nous demandons les vins les plus généreux pour faire honneur au menu de ce nouveau Vatel......

Il était temps ! depuis Alger ce pauvre Petrus

faisait bien piteuse mine ; le malheureux mourait littéralement de faim !

Le dîner répondit aux promesses de notre hôte et la carte à payer, je m'empresse de le chanter à sa louange n'eut rien d'exagéré. Aux voyageurs présents et à venir je me plais à recommander l'hôtel de la Colonie !

Ce tribut payé à la reconnaissance, regagnons notre nouvelle diligence, notre nouveau conducteur et notre nouveau cocher car nous sommes en retard.

Jusqu'à neuf heures, je reste dans le cabriolet avec Pierre et Philbull, Raoul est en tête-à-tête dans le coupé avec notre Prussien, qui décidément ne nous lâche plus ; nous avions cependant espéré qu'il coucherait à Bouïra.

CHAPITRE X

Une étoile que l'on éteint. — L'art de dormir dans un coupé de diligence. — Les Portes de fer. — Halte de nuit dans la montagne. — La Medjana. — Bordj-bou-Harreridj. — En wagon.— *Timeo Danaos et dona ferentes.*— Sétif. —*Ego nominor Leo!* ou les vicissitudes d'un mouchoir jaune. — L'ennemi bifurque. — Une ville fantastique. — Entrée à Constantine. — De la façon dont on fait la salade quand on manque d'huile et...... qu'on est jolie femme!

La nuit est froide et les étoiles brillent par milliers. En me retournant pour regarder sous la bâche si notre bagage est bien arrimé je crois même en voir une détachée du firmament qui scintille dans l'obscurité ; .... renseignements pris, c'est un arabe que l'on a fourré là en compagnie de deux autres coreligionnaires et qui a allumé sa cigarette ; les pauvres diables, dont l'un est cheikh de je ne sais plus quel village, se sont casés sur nos malles comme ils ont pu, moyennant finance ; mais il paraît qu'on ne leur avait pas permis de fumer, car le conducteur qui pompait dans une énorme pipe, se retourne sur mon exclamation et accable l'audacieux arbi des invectives les plus choisies de la langue du Prophète et de la nôtre, le menaçant de le déposer sur la route s'il donne encore signe de vie. La pauvre étoile s'est éteinte .... Nous sommes dans la vallée de l'oued Sahel, bordée au nord par la chaîne du Djurdjura ; nous n'en sortirons d'ailleurs qu'au bordj des Beni-Mansour.

Dans le coupé où je suis descendu pour passer le reste de la nuit, le froid est peut-être moins intense qu'en haut mais le confort y est aussi problématique. J'ai Raoul à ma droite et à ma gauche l'officier Prussien. Je n'ose pas fermer l'œil dans la crainte de me retrouver dormant sur l'épaule ennemie, et je regarde défilant par la portière les rochers et les collines du paysage à la lueur vague des étoiles.

Peu à peu cela finit, il me semble, par danser une sarabande infernale et le sommeil l'emportant sur mon patriotisme je mêle mes ronflements à ceux de mes voisins.

Vers deux heures du matin quelques exclamations parties du cabriolet nous apprennent que nous passons les fameuses Portes de fer.

Ce défilé n'a pas la longueur des gorges de Palestro, mais il est célèbre au point de vue historique.

En octobre 1839, le maréchal Valée et le duc d'Orléans, à la tête d'une colonne de trois mille hommes, franchirent en quatre heures les Portes de fer; alors que jamais ni les légions romaines, ni les conquérants turcs n'y avaient pu passer.

Le relai auquel nous nous arrêtons ensuite, est une misérable baraque dans laquelle dorment pêle-mêle hommes, femmes et enfants.

Notre diligence prenant la poste, il nous faut attendre le facteur qui est parti dans la montagne escorté d'un kabyle armé et qui a quelques heures de retard. De temps à autre il fait une mauvaise rencontre........ aussi commence-t-on à se demander si le pauvre Mercure va nous faire complètement faux bond?

Cette halte de nuit dans cette masure perdue au milieu des défilés kabyles, ne manque pas de pittoresque.

Nous avalons un grog bien chaud, et achevons de rétablir la circulation du sang en arpentant la route d'un pas de chasseurs.

Le facteur arrive enfin et l'on repart au galop.

23 Mars.

Je me laisse glisser à genoux pour dormir, en m'appuyant contre la banquette du coupé, et je ne me réveille plus qu'aux premiers feux de l'aurore, abruti, courbaturé, vermoulu, au moment où la diligence va déboucher dans la Medjana.

C'est une plaine affreuse et nue, parsemée de campements d'arabes avec leurs chameaux, nous n'avons pas vu le désert, mais à part les collines rocheuses que nous apercevons ici, j'imagine que la Medjana peut en donner une idée quelconque.

A huit heures nous atteignons Bordj-bou-Harréridj, bourgade de 1,500 habitants, entourée de murs de défense et nous disons avec bonheur adieu à notre machine..... infernale.

Une nuée de garçons d'hôtel et de porteurs se précipitent sur cette proie tombée du ciel ; le lieu n'a rien d'engageant, aussi nous hâtons-nous de demander l'heure du prochain train ; bien entendu personne ne la connaît ou plutôt on nous déclare qu'il est déjà parti et qu'il nous faut désormais attendre jusqu'au soir ou au lendemain matin, car il n'y en a que deux par jour pour Constantine.

Nous flairons un coup monté, et mettant au pied du mur notre conducteur que nous venons d'arroser de pourboires princiers, nous finissons par apprendre que le train part à 8 h. 50 m. et que la station est à un quart d'heure de marche du village.

Nous achetons un pain, du vin, et avec mon eau minérale du pharmacien ménervillois et nos conserves, nous préparons un frugal repas que nous dévorons sur les coussins d'un wagon de première classe à la barbe des hôteliers de Bordj-bou-Harréridj. Nous pensions avec joie que cette fois-ci, du moins, nous allions bel et bien pouvoir éviter notre Prussien, et ne voilà-t-il pas que la portière du wagon s'ouvre et notre homme, tout en s'excusant avec politesse, monte et s'installe auprès de nous. Il s'enhardit même jusqu'à risquer timidement l'offre... d'un morceau de pain d'épices, sous le prétexte fort plausible il est vrai : « gue le mâtin âbrès une nuit bénible celâ rafraîchit le dempérament ! » Inutile de dire que nous refusons avec froideur mais courtoisie .... *Timeo Danaos et dona ferentes !*

Quel affreux pays et quelle vilaine bourgade ! que serait-ce si tout ceci n'était même pas inondé de lumière ? Pas un arbre en vue à l'horizon sur cette plaine rousse.

Le train roule avec une sage lenteur, le pays est paraît-il riche en vestiges de la domination romaine et si nous avions eu plus de temps à nous, il y aurait eu quelques excursions intéressantes à faire vers Guela, Zamoura, Kherbet-Guidra et El-Anasser.

A midi, le train s'arrête à Sétif pendant vingt minutes. J'en profite pour courir à la poste en voiture. Sétif est une petite sous-préfecture, un peu moins triste que Bordj-bou-Harréridj, mais comme cette dernière située en pays absolument plat et fertile. C'est l'ancienne Sitifis des Romains. Au point de vue militaire elle a joué un grand rôle dans notre lutte contre l'émir Abd-el-Kader.

Pour revenir à la gare, mon cocher me demande la permission de passer prendre un riche arabe qui doit aller au train; j'y consens généreusement et nous recueillons le Sidi en compagnie d'une fillette et de sa femme, une véritable tour sous le poids de laquelle crient nos pauvres ressorts. Ne perdons pas de vue que les arabes estiment par-dessus tout la richesse des contours, le plantureux! On vend au poids! Cette sitifienne est donc ce qu'on peut appeler une belle personne!

A quelques lieues de Sétif la nudité de la plaine s'accentue, les malheureux moutons et les grands diables de chameaux semblent s'y nourrir de cailloux. Viennent ensuite de vastes champs couverts de fleurs grisâtres, jaunes ou violettes, que dévorent avidement les troupeaux arabes au pied de collines rocheuses d'un brun clair.

L'horizon est fermé par des montagnes (Djebel Guergour, 1,800 mètres ; Djebel Magriz, 1,700 mètres ; Djebel Babour, 1,970 mètres).

A chaque arrêt du train, Pierre et Raoul se précipitent au buffet et font main basse sur les victuailles ; le pauvre Philbull est assez souffrant ! le vin de Bordj-bou-Harréridj peut-être ……….

Les arabes voyagent en grand nombre par le chemin de fer, ils encombrent les wagons de troisième classe, les colons vont en seconde et les grands seigneurs, les nababs en première ! Les indigènes trouvent en somme que la civilisation a du bon, si elle n'est pas parfaite…….. et il faut avouer qu'à être témoin de la petite scène à laquelle nous assistons à El-Guerrah, nous nous prenons à douter nous-mêmes qu'elle conserve toujours cette dernière qualité.

Un caïd quelconque s'était installé dans le coin d'un compartiment de troisième classe ; pendant l'arrêt du train il descend pour se promener sur l'embarcadère, après avoir toutefois étendu sur sa place pour la retenir un superbe mouchoir jaune (c'est évidemment un homme distingué !).

Arrive un gros gardien des prisons qui, trouvant le coin en question à sa convenance, jette le mouchoir à terre et s'y installe sans plus de façon, le fusil entre les jambes.

Notre arabe revient, s'aperçoit de la substitution et réclame poliment sa place...... Le gros gardien ne bouge pas....... l'arabe insiste...... l'autre ne bronche pas...... l'arabe s'adresse à un employé subalterne qui pensant avoir à vider un différend entre indigènes, se précipite vers la portière d'un air furibond..... mais à peine a-t-il reconnu le sombre uniforme du cerbère, qu'il déclare que ça ne le regarde pas.

Le caïd va trouver un personnage galonné, le chef de gare suivant toute apparence..... Même cérémonie............... la figure boursouflée du gros gardien apparaît toute souriante derrière le carreau, il s'est mis à fumer une grosse pipe et pense évidemment que tout ceci ne saurait être à son adresse.

Devant ce déni de justice, le malheureux caïd perd patience et rougit de colère : « Fils de chien, s'écrie-t-il, c'est là votre civilisation et votre justice ?...... Votre justice...... oui...... on nous dit qu'il y en a une ! Entre européens peut-être ! ..... entre vous et les arabes..... tu en as menti !!! »

J'avoue que la moutarde nous monte aussi au nez, et en présence d'un pareil abus de la force contre le droit, nous ne pouvons nous empêcher de crier à la barbe du chef de gare et du gardien des prisons : que c'est une honte pour la France de ne pas mieux respecter le droit des gens, fussent-ils arabes ou nègres !

Si c'est en s'y prenant de la sorte que l'on prétend s'attacher les indigènes, il me semble que l'on fait fausse route......

Que les Arabes aient mille défauts, je le concède, mais s'il ne faut pas hésiter à sévir durement et promptement lorsqu'ils sont coupables, il faut absolument que l'on soit juste et droit à leur égard, lorsqu'ils s'adressent à notre équité.

Or d'après bien des propos tenus devant nous, je crains que ce ne soit un peu là un abus général vis-à-vis des conquis en Algérie.

Et si, dans ces modestes notes de voyage, il m'est permis d'exprimer une opinion en accolant avec un peu d'exagération peut-être deux faits d'une importance toute différente, je le reconnais, je dirai : que la clémence de M. J. Grévy envers ces arabes qui avaient assassiné quelques colons et passaient devant la Cour d'assises d'Alger il y a plusieurs mois, est aussi intempestive et maladroite que cette dureté dans la façon de procéder de beaucoup de colons et de membres des administrations vis-à-vis des indigènes.

Les condamnés graciés par le « Papa Gâteau »

n'y ont rien compris, et se sont demandés s'il n'avait pas un commencement de ramollissement du cerveau, en tout cas ils ne lui ont su paraît-il aucun gré de sa clémence ; par contre les maltraités injustement gardent aux vainqueurs une rancune qui va s'accumulant jusqu'au jour de l'insurrection, et alors on s'étonne que ceux sur lesquels on croyait pouvoir compter soient au premier rang des rebelles. Peut-être serait-il possible, par ces temps d'enseignement gratuit et obligatoire, de pousser les études du gros gardien des prisons et autres butors du même calibre jusqu'à la compréhension facile de ces quatre mots latins, rien que quatre :

Parcere subjectis, debellare superbos!

Ceux qui avaient adopté cette fière devise et qui ont laissé d'ailleurs à chaque pas des traces de leur passage sur cette terre d'Afrique, avaient, j'ose le dire, quelque notion de la civilisation et de la colonisation ; et sans vouloir les représenter comme exempts de tous défauts, je crois pouvoir assurer qu'ils agissaient en général avec plus de mesure, d'intelligence, de fermeté, de tact que M. J. Grévy graciant à tort et à travers et que le gardien de ses prisons.

Et la fin de ma petite histoire ?....... Notre cerbère continua béatement à parfumer des bouffées de sa pipe le malheureux caïd, qui lui, ramassant son mouchoir jaune...... le remit dans sa poche........ Quant à dire qu'il ne regarda pas son oppresseur de travers pendant le reste du trajet je n'oserais l'avancer, n'en ayant pas été témoin, mais à son air peu enchanté cela me paraît probable et ...... rationnel.

El-Guerrah est le lieu d'embranchement de la ligne de Batna. Nous avons la joie de voir notre Teuton nous quitter pour monter dans le train qui va partir pour cette dernière destination.

Nous nous apercevons alors que faute de renseignements suffisants, nous n'avons pas songé à gagner une bonne journée en profitant aussi de cet embranchement pour faire tout de suite notre excursion à Biskra.

Le train s'arrête ensuite à Kroubs (ruines romaines). C'est à cette station que se raccorde la ligne qui file sur Guelma et Soukharras avec embranchement sur Bône.

Désormais le pays paraît plus vert et la vallée mieux cultivée. Les habitations se font moins rares. On voit émerger quelques bouquets d'arbres.

Sur la gauche, un grand établissement juché

sur une colline et qui ressemble à un monastère ou à un collège.

Enfin, aux derniers rayons du soleil couchant, nous distinguons vaguement la masse imposante de Constantine, l'ancienne Sirta, dont les mille lumières scintillent bientôt de l'autre côté du Rummel qui roule au fond d'un ravin, enserrant la ville de trois côtés.

Tout naturellement, l'heure avancée à laquelle nous débarquons du train ne nous permet pas de juger le tableau, unique dans son genre, qu'offre au touriste la position exceptionnellement pittoresque de la seconde capitale algérienne ; demain nous pourrons satisfaire notre curiosité. Pour le moment nous nous empilons dans une voiture avec nos valises et traversant le pont d'El-Kantara (1) nous gagnons l'hôtel*** situé rue Nationale.

Il est encombré de voyageurs, et fort heureusement avions-nous pensé à télégraphier de Bordj-Bouïra pour retenir quatre lits, sans quoi nous eussions fort risqué de coucher par terre ou tout au moins sur quelque billard.

Nous nous installons, Raoul et moi, dans une chambre qui donne sur la place de la Brèche, tandis que les deux célibataires prennent posses-

(1) El-Kantara signifie en arabe « le Pont ».

sion de l'autre. On nous a prévenus que cet hôtel était l'hôtel chic de Constantine........ cependant le confortable n'a rien de commun avec ce refuge des voyageurs distingués. Tout au moins nous promettons-nous de réparer par un Balthazar délicat les fatigues de la route.

Les choses s'annoncent bien; l'hôtesse est élégante, jolie même, et le menu soigné....... On se met à table! Tout à coup, nous apercevons la charmante personne dans l'antichambre qui remue notre salade en humectant délicatement ses mains....... du baume de son cœur, pour mieux empoigner cuiller et fourchette. Raoul croit même s'apercevoir que ladite verdure en recueille un assaisonnement étranger à l'huile et au vinaigre vulgaires. Notre appétit en fond du coup, et dans notre imagination, nous voyons le chef à ses fourneaux, usant de procédés similaires pour allonger le bouillon, prisant sur le canard aux olives et éternuant sur le filet madère. C'est un dîner manqué!

Après avoir expédié lettres et dépêches pour France, nous envoyons un télégramme suivant recommandation d'un de nos amis, Lucien Chouillou (1), à Célestin loueur de voitures à

(1) C'est à ce vieil ami d'ailleurs que nous avons dû bon nombre de renseignements fort utiles sur nos itinéraires.

Batna, lui demandant son prix pour un véhicule afin de commencer après-demain notre expédition à El-Kantara et Biskra.

Notre hôtelier nous effraie (c'est son rôle) en nous racontant que les routes sont impraticables et que, d'ailleurs, il y a une telle avalanche d'Anglais partis la veille et le matin même pour Biskra, que certainement nous ne trouverons pas de voiture. Je lui fais remarquer, sans amertume d'ailleurs, que sa petite histoire peut avoir du bon mais manque de vraisemblance, attendu que si les routes étaient impraticables les Anglais en question n'auraient pu entreprendre le voyage et seraient, sans doute, déjà revenus à Constantine où ils avaient laissé leurs bagages.

Pour cette excursion nous devons aller par le chemin de fer jusqu'à Batna et de là en voiture jusqu'à El-Kantara puis Biskra.

Sans trop nous effrayer des mauvais renseignements d'un hôte trop attaché à nos personnes, nous gagnons nos lits dans lesquels nous ronflons avec délices après quarante heures consécutives de diligence et de chemin de fer.

CHAPITRE XI

24 Mars.

Une page sur Cirtà. — Constantine en 1830. — Première expédition. — Assaut infructueux. — Second siège. — Lutte acharnée. — Broyés sur les rochers du Rummel. — Triomphe et clémence. — Le tombeau d'un orfèvre du vieux temps. — Les cascades et le ravin. — Un beau site et sa pipe. — Coudiat-Aty. — La Mansourah. — Vue générale de Constantine. — L'ancien domaine de Salluste. Le pont d'El-Kantara. — Le palais d'Hadj-Ahmed. — Un courtisan poète.

Sans vouloir refaire ici une analyse succincte des origines et de l'histoire de Constantine, ce qui m'entraînerait dans un domaine que j'ai évité de trop exploiter, en relevant mes notes de voyage, je veux cependant dire quelques mots de son passé. Peu de villes en effet présentent un intérêt analogue dans notre grande colonie africaine et ceux qui liront ces lignes ne m'en voudront pas d'avoir exceptionnellement jeté en cette circonstance un coup d'œil en arrière, coup d'œil qu'ils ne trouveront pas, j'en suis sûr, dépourvu d'intérêt.

L'origine de Cirtà (rocher, en langue numide) se perd dans la nuit des temps. Sa position naturelle, sorte de presqu'île rocheuse aux flancs abrupts, enlacée par le torrent Rummel, a dû, dès les siècles les plus reculés, la désigner comme la place forte la plus imprenable de la contrée. Dès la seconde guerre punique, Cirtà fait parler d'elle. Syphax, Massinissa et ses successeurs en font leur capitale, Jules César une colonie à laquelle il donné son nom, Cirtà Julia.

La Constantine actuelle, d'après les savants et les historiens, est évidemment de beaucoup moins importante que l'ancienne capitale des rois numides; elle devait il y a plusieurs siècles se composer d'une ville extérieure, outre la ville du rocher. Ruinée en 311, relevée et embellie en 313 sous Flavius Constantin, elle prend dès lors son nom actuel. Au V⁰ siècle elle résiste au torrent de l'invasion vandale, et Belisaire la retrouve debout. Dès lors elle subit diverses révolutions et passant avec les siècles sous la domination musulmane, hafside et turque, tantôt victorieuse, tantôt vaincue, hier ville de lumière et de science, aujourd'hui foyer d'intrigues et de violences sous la domination des beys.

Nous la retrouvons en 1830, gouvernée par Hadj-Ahmed Bey, qui lors du débarquement de nos troupes à Sidi-Ferruch, amène ses contingents au secours de son maître, Hussein-Dey.

Hadj-Ahmed était aussi actif qu'ambitieux. Après la chute d'Alger, il dépouille le malheureux Ibrahim, gendre de Hussein, qui s'était confié à lui, et cherchant à rentrer à Constantine, il s'en voit fermer les portes par une milice indisciplinée.

A son appel, les tribus kabyles accourent sous ses drapeaux et peu de jours lui suffisent pour ressaisir le pouvoir. Son audace, sa cruauté, ses exactions ne connaissent plus de bornes ; la violence, la razzia, sont érigées en système. Pour en donner une idée, au retour d'une expédition dirigée contre les Abd-en-Nour, il ordonne de piquer en trophée sur les remparts de la ville 400 têtes qu'il a fait couper dans cette tribu. Seule, l'horreur du nom Chrétien, du Roumi! put soutenir encore le drapeau de cet odieux tyran contre les soldats de la France, et l'on vit ses propres victimes le défendre avec acharnement.

C'est en 1836 qu'eut lieu la première expédition de nos troupes, sous les ordres du maréchal Clauzel contre Constantine.

Il est incontestable qu'elle n'avait pas été suffisamment étudiée et préparée, on avait même été

CAMPEMENT DE TRIBU NOMADE DANS LE DÉSERT

jusqu'à croire que la reddition de la ville serait la conséquence immédiate de notre simple apparition sous ses murs. Hélas! quelle désillusion! lorsqu'après une marche pénible dans un pays coupé de montagnes et de torrents débordés, lorsqu'après des souffrances et des pertes considérables sur une route que l'on jonchait de cadavres, l'armée se croit arrivée au terme de ses efforts, Constantine s'élevant comme une aire de vautours suspendue au-dessus de la plaine, entourée d'un ravin profond encombré de glace et de quartiers de roc, défie orgueilleusement nos soldats exténués, mourant de faim et de froid.

Le canon gronde, la ville entière à la voix des muezzins court aux remparts, tandis que les hauteurs voisines se couronnent de milliers d'arabes conduits par Ahmed-Bey.

Le maréchal décide de donner l'assaut.

Constantine est, comme je l'ai dit plus haut, entourée de trois côtés, au sud, au nord et à l'est par un ravin profond dans lequel roule l'impétueux Rummel. Un pont romain en pierre la fait communiquer avec le plateau de Mansourah à l'est; au sud-ouest, une espèce d'isthme étroit la rattache à la haute colline de Coudiat-Aty. De ce côté ses remparts sont hérissés de canons, les défenses artificielles ont été formidablement accumulées.

Il fallait donc : ou bien traverser ce ravin, ou escalader des escarpements plus élevés que nos plus hautes falaises de Normandie, ou se jeter à la bouche des canons braqués sur Coudiat-Aty. C'est au premier parti que l'on s'arrête.

Le 23 novembre, à minuit, après avoir emporté les hauteurs et canonné la porte d'El-Kantara, le maréchal qui a derrière lui les hordes de Ahmed-Bey, lance ses colonnes : l'une sous les ordres du général Trézel sur le pont d'El-Kantara, l'autre sur Coudiat-Aty.

La première trahie par un rayon de lune est accueillie par une décharge meurtrière, et malgré les efforts héroïques de nos braves elle est obligée de se replier, renonçant comme la seconde à prendre Constantine d'assaut.

A la tempête de feu, au fracas de la mitraille, un silence de mort a succédé ; seules les plaintes des agonisants étendus là, pêle-mêle, se font entendre dans le silence lugubre de la nuit. — Tout à coup un chant grave, sorti de milliers de poitrines, monte des remparts vers le ciel......... les assiégeants prêtent l'oreille et reconnaissent, la désolation dans l'âme........ le cantique d'actions de grâces que les croyants adressent au Prophète, exterminateur des chrétiens.

Ce n'est que le 5 octobre de l'année suivante que la seconde expédition, sous les ordres de Damrémont, arriva sous les murailles de la ville défendue par Ben-Aïssa et une garnison exercée. Le siège recommence, siège en règle, toujours meurtrier. Le 11, le brave général en chef dans une reconnaissance est renversé par un boulet entre le duc de Nemours et le général Rulhières. Le général Valée prend le commandement de l'armée.

Le 13, trois colonnes sous les ordres de Lamoricière, Combes et Corbin montent à l'assaut. Cette fois c'est par Coudiat-Aty qu'il est donné. Les Arabes reçoivent nos soldats avec des hurlements de triomphe ! Ils se croient invincibles et leur ville imprenable ; mais nos braves arrivent au sommet de la brèche pratiquée précédemment, et malgré l'explosion d'une mine qui nous tue beaucoup de monde et la résistance féroce des assiégés, ils se maintiennent dans la ville.

Alors commence une guerre de maison à maison, acharnée et terrible. Une quatrième colonne prend la ville à revers et la population affolée, pensant ne pas pouvoir compter sur une clémence dont les siens eussent été incapables, se précipite vers le ravin qui sépare la ville au nord de la haute falaise de Sidi-Mecid, et là, à l'aide de longues cordes, cherche à se laisser glisser au pied du rocher pour rejoindre en fuyant les hordes arabes qui couronnent les hauteurs. Une scène épouvantable se passe alors : les cordes surchargées par ces grappes humaines se rompent, et plus de deux cents fuyards viennent se broyer dans le Rummel.

Ben-Aïssa et son fils, suivis des débris de leur milice et de leurs canonniers, parvinrent à s'échapper. Le drapeau aux trois couleurs flottait sur la Kasbah, aux cris de : « Vive la France ! vive le Roi ! ! » mais l'ennemi nous avait fait payer bien cher notre vengeance et notre triomphe.

La clémence de nos officiers et de nos soldats fut le digne couronnement de cet héroïque fait d'armes...........

J'ai lu à mainte reprise, dans maint ouvrage le récit dramatique de ces assauts de Constantine, ce n'est que depuis que j'ai vu par moi-même la ville et sa position vraiment fantastique, que j'ai pu me rendre compte de la hardiesse inouïe qu'il y avait, rien qu'à songer à s'en rendre maître, avec les moyens trop insuffisants dont disposaient nos généraux. Le vertige vous prend à regarder ces hautes falaises au sommet desquelles se dressent les remparts de la forteresse, et l'on ne sait ce qu'il faut le plus admirer, de la nature qui a produit ce tour de force ou de l'audace des hommes qui n'ont pas reculé devant une entreprise aussi périlleuse.

Peut-être me suis-je un peu étendu sur l'histoire de la prise de Constantine, contrairement au cadre que je m'étais tracé pour ce relevé de mes souvenirs, mais je ne pouvais résister au désir de donner une plus large place au passé d'une ville si originale et si intéressante à tous égards.

A six heures et demie le brouhaha de la place de la Brèche me force à sauter du lit; le temps est superbe. Après avoir fait plusieurs visites dans des maisons où nous étions recommandés, et préparé nos estomacs par un bon déjeuner aux fatigues de la journée, nous passons chez un loueur de voitures qui, sur l'indication à voix basse de son garçon nous prend pour des Anglais et nous demande modestement « neuf cent cinquante francs » pour nous conduire de Batna à Biskra (cinq jours aller et retour).

Après lui avoir déclaré en bon et solide français que nous ne sommes ni des Anglais, ni des... gogos, nous l'envoyons provisoirement au diable et nous décidons de ne rien faire avant l'arrivée de la réponse du Célestin.

Nous sortons de Constantine au nord-ouest, par la route de Philippeville, bordée de gourbis dans lesquels logent des Kabyles déguenillés.

C'est par ici que se trouvait le tombeau de l'orfèvre Præcilius, découvert en 1855 dans les fouilles dirigées au pied de Bordj-el-Açous.

Ce digne homme vécut cent ans, et sa vie avait été remplie, disent les inscriptions de son caveau, par les vertus et la bonté de sa femme, les joyeuses relations de ses nombreux amis. *Fortunate senex!!*

L'intérieur du tombeau présentait le plus grand intérêt.

Voilà en tout cas qui nous mène loin des hôtes farouches que rencontrèrent nos colonnes, lors de notre première apparition à Constantine. De nos jours, je n'en doute pas, les orfèvres de l'endroit, s'ils ne vivent pas cent ans, ont du moins des femmes aussi méritantes que madame Præcilius et des amis aussi aimables que ceux du riche Romain.

Le sentier que nous suivons au pied des rochers sur lesquels s'élèvent les remparts de la ville, surplombe à sa gauche le moulin Lavie, et tout à coup nous voici par un brusque tournant en présence des fameuses cascades du Rummel, encadrées de falaises hautes de trois cents mètres, aux flancs desquels aloès, figuiers de barbarie et plantes grimpantes s'accrochent comme pour en tapisser la nudité sauvage.

C'est là un spectacle véritablement grandiose et......... bien fait pour donner le vertige. Le ravin creusé entre Constantine et Sidi-Mecid s'enfonce sous des arches immenses qui semblent avoir été construites par quelques géants pour servir de fond à ce merveilleux décor.

Nous remontons le torrent de pierre en pierre jusqu'à la seconde voûte ; mais là force nous est de nous arrêter, l'eau roulant sur toute la largeur du ravin. Au-dessus de nos têtes tourbillonnent des oiseaux de proie qui poussent des cris rauques. Ne dirait-on pas qu'ils sont là depuis longues années dans l'attente de quelque sanglante curée de cadavres humains broyés en tombant des remparts que l'on voit là-haut, sur les blancs rochers du Rummel. C'est ici en effet que leur pères ont assisté au drame horrible de ces deux cents fuyards précipités dans le vide par la rupture des cordes, lors de la prise de Constantine par nos soldats.

De curieux aqueducs passent sous la montagne dans de longs couloirs. De l'endroit où nous nous trouvons, la nappe écumante se précipite à une énorme profondeur, se perdant dans la vallée aux mille teintes de verdure, et c'est comme un repos pour les yeux que de les reporter sur cette riante échappée de paysage, plaine onduleuse qui s'étend vers le couchant pour mourir au pied des hautes montagnes du Chettaba.

Nous ne pouvons nous arracher à ce spectacle et déjà Pierre parle de s'installer

> Hic inter flumina nota,
> Et fontes sacros.

avec sa pipe fidèle, au risque d'y gagner dans toute la force du terme le « *Frigus opacum* » du paisible Tityre.

Traduction libre : Un épais rhume de cerveau !

Non sans peine lui faisons-nous comprendre qu'avec ce système-là les voyages seraient trop simplifiés et qu'en somme nous avons bien des choses à visiter, voire même en compagnie de sa pipe s'il la juge indispensable ! L'horreur ! La discussion ne laisse pas que d'être chaude. La raison l'emporte enfin, et disant adieu aux merveilleuses cascades, aux voûtes majestueuses du Rummel, nous revenons sur nos pas et notre cocher maltais, un spécimen de l'abrutissement le plus parfait, fouettant ses deux petits arabes, nous ramène vers Coudiat-Aty.

C'est avec regret que nous avons dû renoncer à pousser jusqu'à l'établissement thermal de Sidi-Mecid, situé à quatre cents mètres de là, dans un paysage enchanteur..... paraît-il.

Le Coudiat-Aty après avoir été le siège d'importants faubourgs sous la domination romaine, arabe et turque est devenu de nos jours une annexe de la ville, comprenant les quartiers Saint-Jean et Saint-Antoine. A l'encoignure de deux rues se dresse la pyramide élevée à la mémoire du lieutenant général Damrémont, tué à cette place même par un boulet ennemi. Un aqueduc romain construit par Justinien et dont on voit encore les restes reliait le Coudiat-Aty au Djebel-Guerioun.

Au moment où nous rentrons en ville un bataillon de zouaves, clairons et tambours en tête, arrive par une rue, tandis que des turcos débouchent de l'autre sur la place de la Brèche comme deux avalanches de coquelicots et de bluets. Cela me rappelle le temps où turcos et zouaves de la garde manœuvraient sur l'esplanade des Invalides pour la plus grande satisfaction de mon jeune enthousiasme militaire.

A Constantine d'ailleurs, c'est un perpétuel

chatoiement de galons d'or et d'argent, d'uniformes de toutes couleurs auquel les rues et les places empruntent un entrain, une gaieté bien à l'unisson du pittoresque de ces costumes juifs et arabes aux bariolages multicolores.

Les femmes indigènes au lieu d'être vêtues tout en blanc comme à Alger, ont adopté la couleur gris bleu pour leurs serouals et leurs haïks.

Laissant à notre droite le Bardo, caserne de cavalerie et les abattoirs, nous redescendons le rocher au sud, par la nouvelle route de Sétif, et notre attelage après avoir traversé le Rummel sur un pont d'une seule arche, gravit tranquillement la colline de Mansourah qui domine la ville à l'est.

Nous passons devant de curieuses arcades romaines et nous voici bientôt sur le plateau où le 3º chasseurs d'Afrique a son quartier.

C'est d'ici que nous pouvons maintenant nous rendre un compte exact de la situation formidable de Constantine par une vue d'ensemble ; (formidable s'entend si l'on tient compte de l'artillerie et des autres moyens d'attaque dont disposaient nos colonnes expéditionnaires en 1836 et 1837).

La Mansourah domine de beaucoup le rocher sur lequel la ville est perchée comme un grand nid. Par ce temps parfaitement clair, les toits de la Kasbah et les minarets se profilent nettement sur le ciel bleu, et le gris rouge de cet étrange rocher s'encadre dans la verdure des pins et des arbres fruitiers du milieu desquels nous jouissons d'un panorama véritablement merveilleux.

C'est de la pointe de Sidi-Rached, celle qui termine Constantine au sud et que nous voyons sur notre gauche que l'on précipitait dans le Rummel les femmes adultères.

Au nord, Constantine semble avoir été séparée de la colline Sidi-Mecid par le coup d'épée phénoménal de quelque vigoureux géant, tant les deux falaises taillées à pic dans le roc paraissent prêtes à se raccorder exactement.

Un vaste édifice s'élève sur le plateau de Sidi-Mecid. Jusqu'en 1874 il avait servi de collège franco-arabe ; c'est paraît-il aujourd'hui un hôpital civil. La vue dont on jouit de cette dernière colline sur la ville et sur le pays voisin doit être aussi fort belle, mais le temps nous manque et il faut renoncer à la gravir pour aller faire un tour dans Constantine et achever notre fournée de visites indispensables.

C'est au pied du Mecid que Salluste, qui avait été sous César gouverneur de l'Afrique, possédait une magnifique propriété embellie du fruit de ses nombreuses exactions.

Nos deux biques nous ramènent au pont d'El-Kantara où nous congédions notre maltais, tout en reconnaissant que nous l'avions véritablement calomnié en l'accusant d'abrutissement ; le ladre avec son air bonhomme nous aurait parfaitement mis dedans si nous n'avions été aussi ferrés sur les prix du tarif. Il nous prenait peut-être pour des Anglais tout comme son estimable patron, mais nous l'avons complètement détrompé.

En se penchant au-dessus de la balustrade du pont pour juger de l'énorme profondeur du ravin, on est véritablement saisi par le vertige ; des cigognes et des émouchets planent au-dessus de l'abîme et un arabe grimpe de roc en roc, cueillant des figues de Barbarie, ou je ne sais quel autre fruit, avec l'agilité d'un singe.

Le palais du bey Hadj-Ahmed s'élève sur une assez grande place, au centre de Constantine. Sa façade n'a rien de grandiose, il sert actuellement de résidence au général commandant la division, au bureau arabe, etc. ; à l'intérieur sont disposés trois frais jardins mauresques entourés de légères galeries décorées de fresques naïves.

Le bey qui le fit construire en pillant ses plus riches sujets et avec des matériaux provenant d'Italie et de Carthage, en jouit peu malgré les vœux inscrits par son architecte (un courtisan bien dressé) sur la muraille de l'une des pièces :

« Au nom du Dieu clément et miséricordieux, pour le maître de ce palais, paix et bonheur ! Puisse sa vie se prolonger autant que roucoulera la colombe ! Puisse sa gloire être exempte d'amertume et que sa joie soit sans fin, jusqu'au jour de la résurrection. »

Hélas ! la colombe ne roucoula pas longtemps sur la paix et la joie du bey. Hadj-Ahmed après la prise de Constantine, s'enfuit dans l'Aurès où il soutint pendant près d'une année la lutte contre nos troupes.

Sa soumission faite, il mourut deux ans plus tard à Alger.

CHAPITRE XII

La musique des turcos. — Notre-Dame des Sept-Douleurs. — Un cicerone aimable mais sans conviction artistique. — La Kasbah. — La ville arabe. — Djama-el-Kébir. — Un café maure. — Prière de ne pas toucher. — La conversation, la société, la famille chez les musulmans. — Départ pour le sud. — De Constantine à Batna. — Les Chotts. — Le Medr'asen. — Le fondé de pouvoir de monsieur Célestin. — Batna. — Les ruines de Lambessa. — Honneurs militaires au commandant de la IIIe Légion romaine. — Ce qu'on appelle « une route nachionâle. »

Le doux ramage de l'innocent oiseau si singulièrement accolé au nom d'un tyran sanguinaire a fait place aujourd'hui aux accents d'une valse entraînante; c'est la musique des tirailleurs qui joue sur la place du Palais, et tandis que mes compagnons préfèrent se bercer des flots d'harmonie qu'elle répand, je vais visiter la cathédrale Notre-Dame des Sept-Douleurs qui s'élève tout auprès du palais.

C'est une ancienne mosquée qui se nommait jadis Soûk-er-Rezel, bâtie en 1143 de l'hégire (1703 de notre ère). C'est un assez joli spécimen de l'architecture arabe, ainsi que l'on en peut juger, malgré les additions et transformations modernes. J'y vois de belles colonnes en granit dont quelques-unes ont été prises dans les ruines de Tattubt, poste militaire romain au sud de Constantine ; ces colonnes divisent la mosquée ou plutôt la cathédrale en trois espèces de nefs incrustées de fines arabesques. — Le minbar (chaire) est un remarquable travail de marqueterie.

Je ne puis m'empêcher de songer que sous ces mêmes voûtes, les muezzins ont appelé la population musulmane à la prière et lui ont prêché la guerre sainte, l'exhortant à voler aux remparts pour massacrer nos soldats............. et maintenant nos prêtres y parlent une autre langue, y murmurent d'autres prières, demandant au Maître de cet univers sa grâce et ses bénédictions pour les vaincus et pour les vainqueurs..... Insondable profondeur des intentions et des décrets de la Providence ; Sainte-Sophie de Constantinople devenue mosquée retentit des louanges de Mahomet, la croix dorée du Christ brille au faîte du minaret de Souk-er-Rezel, devenu Notre-Dame des Sept-Douleurs......... Image des luttes de la vie, lutte dont l'Eglise, selon la volonté divine, a eu dans le passé, a de nos jours et aura dans l'avenir une suite sans cesse renaissante, jusqu'à l'heure du grand triomphe !

L'heure s'avance et je cours rejoindre mes profanes amis que j'ai grand'peine à arracher à la musique des turcos pour continuer notre exploration en ville.

Avec une lettre de recommandation d'un de mes cousins, je me présente chez un brave officier qui nous reçoit cordialement........ mais semble ne pas comprendre que l'on puisse à moins d'y être forcé quitter la France pour venir dans ce pays de moricauds voir....... on ne sait quoi.

A notre grande satisfaction, il nous offre de nous faire visiter la Kasbah qui pour lui est probablement le monument par excellence de sa garnison.

Ce quartier militaire domine Constantine à l'ouest et renferme trois casernes, l'arsenal, la manutention et l'hôpital militaire.

Au milieu de la plus grande cour du quartier a été élevé un monument à la mémoire des officiers et soldats tués lors de la prise de Constantine.

Nous allons, toujours sous la conduite de notre aimable guide, visiter les jardins de l'artillerie qui sont comme suspendus au-dessus du

Rummel vis-à-vis de Sidi-Mecid. D'ici nous dominons les cascades et nous plongeons de toute la hauteur du rocher sur la plaine immense qui s'étend à l'occident jusqu'aux montagnes élevées du Chettaba.

La vue dont nous jouissons est magnifique.

En descendant de la Kasbah nous traversons en zig-zag le quartier arabe qui a, comme celui d'Alger, son cachet bien particulier.

Certaines rues entièrement habitées par les juifs ont une animation et un coloris tout spéciaux.

Notre obligeant officier qui veut bien nous faire en détail les honneurs de la ville insiste pour que nous remarquions ces costumes et ces constructions bizarres. Je dois dire pour plus de clarté que le digne homme est depuis peu de temps débarqué de France et bien que d'une nature peu accessible aux charmes de l'art et du pittoresque, il désire, par bonté d'âme sans doute, que des gens qui se sont dérangés de quelques centaines de lieues trouvent quelque curiosité à se mettre sous la prunelle.

Contrairement à certains militaires fanatiques de leur brûlante Afrique, notre cicerone n'a qu'un médiocre enthousiasme pour les gens et les choses de ce pays du soleil. Invariablement après nous avoir fait remarquer une belle porte mauresque où une femme bizarrement costumée, un juif en grand costume vendant des bibelots dans leur magasin parfumé, il nous dit par manière d'acquit : « On trouve ça curieux ! » On croit voir que quant à lui il ne saurait être pour rien dans cette appréciation, et avec un peu de perspicacité on devinerait qu'il laisse sa phrase tronquée pour ne pas s'exclamer : « Moi je trouve ça très ordinaire ! »

Notre guide est un brin blasé, soit dit sans le calomnier et nous refroidirait vite s'il n'avait affaire à des touristes avides d'originalité. Nous ne lui savons pas moins très bon gré de ses louables efforts à satisfaire notre curiosité et lorsque vient l'heure du dîner, c'est avec promesse réciproque de se retrouver dans la soirée que nous échangeons de cordiales poignées de mains.

En regagnant notre hôtel je jette un coup d'œil sur la Djama-el-Kébir. Cette mosquée a dû être édifiée sur les ruines d'un temple païen dédié à Vénus peut-être. On a retrouvé sur certaines pierres des inscriptions romaines, mais d'autres en langue arabe tendent à faire croire qu'elle est postérieure au vi^e siècle. Le percement de la rue Nationale l'a privée de sa façade et de son minaret. Elle est néanmoins curieuse à visiter.

En rentrant nous trouvons un télégramme du célèbre Célestin de Batna, qui nous annonce tenir à notre disposition pour le lendemain un petit breack à deux chevaux et ce à des prix beaucoup plus raisonnables que ceux des loueurs de Constantine ; il est de fait qu'il ne nous a peut-être pas pris pour des Anglais ! Malheureusement ce véhicule étant découvert, Raoul renonce à nous accompagner, il ira plus tard par la diligence et nous rejoindra en route si possible.

Tandis que mes compagnons vont au café des officiers absorber les bocks et les discours du brave commandant, je rentre faire ma correspondance qui va probablement souffrir de notre expédition de cinq jours dans le sud.

En passant devant un café maure, je ne puis m'empêcher de rester pétrifié à l'aspect des consommateurs complètement muets et presque immobiles. Tous ces braves musulmans sont assis à l'orientale le long de la muraille. Quelques-uns jouent aux échecs, mais pas un mot ne sort de toutes ces bouches qui ne s'entr'ouvrent que pour livrer un étroit passage à de grosses bouffées de tabac humées des profondeurs de leurs pipes ou de leurs narghilés.

Les charmes de la conversation, le « *comfortable evening chat* » sont ici lettre morte et je me tiens à quatre pour ne pas aller pousser un de ces bonshommes dans le but de m'assurer qu'ils sont bien vivants ?

Il y a des pays paraît-il où l'on exhibe des figures de cire imitant la vie même à s'y méprendre ; chez les musulmans, c'est le contraire, on imite à l'aide de bonshommes en chair et en os les personnages en cire. Enfoncés Mme Tussaud et le Musée Grévin ! On cherche des yeux l'inscription consacrée « Prière de ne pas toucher !! »

Ceci m'amène tout naturellement à dire quelques mots des arabes et surtout des musulmans des villes, au point de vue de la conversation et des rapports sociaux.

Le Musulman ne peut avoir de conversation, ce je ne sais quoi de charmant et d'indéfinissable que développe au premier chef un bien qu'il ne possède pas, je veux nommer l'éducation. Son fanatisme religieux se contente de l'étude littérale des versets du Coran et se refuse presque même à en analyser le sens et la portée ; il résulte de cette règle que se pose l'intelligence de ne chercher à rien pénétrer, à rien expliquer, sous le prétexte que ce serait là une impiété coupable, que l'esprit s'abandonne à une espèce de renonciation à une initiative intellectuelle quelconque.

D'ailleurs, la société et la famille constituées tout différemment de ce que nous les voyons chez nous, imbues de préjugés grossiers donnant une place aussi restreinte aux épanchements du cœur, vivant renfermées dans leur égoïsme jaloux et brutal, sauraient-elles produire autre chose qu'aridité dans les rapports et nullité dans la manifestation verbale des sensations et des sentiments.

Et puis, et c'est là ce me semble un des points les plus saillants de la question : quel rôle joue donc la femme dans cette civilisation musulmane. La femme, l'être charmant et aimé qui est la base même de la famille dans notre société chrétienne ?

La femme arabe est avant tout une servante, on pourrait dire une esclave. L'homme l'achète à ses parents et si sa fortune le lui permet il s'offre le luxe de lui adjoindre une ou plusieurs épouses. On comprendra donc sans peine ce que peut devenir au foyer la créature ainsi traitée et dégradée.

Influence du cœur et de l'esprit, tout disparaît ! L'homme, la force règnent en maîtres, et comme ce n'est pas non plus à l'école musulmane, quand elle existe, que l'enfant peut puiser délicatesse de sentiments et poésie de l'âme, étant donné d'autre part que l'instruction se borne comme je l'ai dit, à l'étude de la lettre du Coran, on ne saurait s'étonner de cette absence de la conversation qui est le fruit de l'éducation sous ses diverses formes.

Les Musulmans échangent entre eux toute une série de proverbes, de maximes et de phrases de pure convention. C'est chez l'individu une question de mémoire et voilà tout ! Telle sentence s'applique à la sagesse ou à l'amour, telle autre au courage, telle autre à la religion, chaque question semble réglée d'avance par une maxime de l'invention de quelque esprit supérieur, et comme il est beaucoup plus commode de s'en servir que d'inventer en risquant de dire une bêtise, le grave arabe qui ne redoute rien tant que la perte de sa dignité, se contente d'appliquer ce vocabulaire usuel et invariable. Le tout est de ne pas mettre à côté !

25 Mars.

Laissant à Constantine le gros de nos bagages et......... le pauvre Raoul nous prenons le chemin de fer à sept heures du matin pour Batna.

A l'embranchement d'El-Guerrah, nous changeons de train et nous voici toujours avec cette sage lenteur des lignes algériennes traversant un pays nu, et en apparence peu cultivé; en apparence............ car à moins que de semer des cailloux ne rapporte quelque chose aux indigènes, je ne vois guère ce qu'il y peut pousser. Cette absence de verdure d'un effet assez triste est cependant compensée par l'aspect singulier de hautes collines rouge clair qui s'élèvent de toutes parts affectant les formes les plus bizarres. L'imagination aidant, les unes ressemblent à un géant assis, les autres à une tour en ruines ou à un vieux château fort, celle-ci à une muraille gigantesque, celle-là à un chameau couché.

A la station dite des Chotts, la voie ferrée traverse deux lacs salés, le Tinsilt à droite et le Mzouri à gauche. L'exploitation en est à ce qu'il paraît des plus primitives, on ramasse tout tranquillement le sel tel qu'il se dépose sur les bords. Avant le déluge on aurait été de cette force-là ! Ces deux lacs produisent un effet bizarre ; leur surface unie comme une glace reflète au centre le bleu cru du ciel, tandis que près de la rive, elle nous renvoie l'image des collines rouges au pied desquelles cette onde immobile semble profondément endormie. C'est à peine si elle se ride de temps à autre du sillage de quelque flamand rejoignant ses compagnons dont la bande assoupie flotte au loin sur le lac. Nous distinguons aussi de nombreux canards sauvages et cela ne manque pas de réveiller nos instincts cynégétiques. Pas un arbre ne croît au bord de ces vestiges de mer intérieure.

Le train reprend sa marche et de temps à autre nous apercevons, juchées sur une montagne, des ruines romaines ou turques. Là-bas sur la gauche un peu après avoir dépassé Aïn-Yacout, nous distinguons le Medr'asen dont la forme me rappelle bien le tombeau de la Chrétienne (Kbour-er-Roumia).

Le Medr'asen passe pour avoir été construit par Micipsa en l'honneur de son glorieux père Massinissa ; on dit aussi qu'il servit de tombeau à Syphax. Les recherches qui y ont été faites n'ont pas permis d'élucider positivement cette question ; il est cependant très plausible d'admettre qu'on est là en présence d'un monument funéraire de rois numides.

A une heure nous sommes enfin à Batna. Notre breack attelé de deux bons petits arabes est là nous attendant, suivant la promesse télégraphique de Célestin. Le cocher, un brave

Iserois du nom de Pierre, nous demande : « Si nous sommes vraisemblablement les personnes dont auxquelles la voiture est destinée comme ayant télégraphié pour de Constantine ? » Après l'avoir rassuré sur notre identité et avoir casé notre bagage au mieux, nous parcourons la ville afin d'y faire quelques emplettes indispensables.

Batna nous a paru n'avoir rien de bien remarquable ; elle est située en pays plat, entourée comme ses semblables de murailles crénelées et renferme une garnison de deux mille hommes environ. Au reste, Batna, de création récente, n'était naguère qu'un camp retranché destiné à protéger les routes du Tell au Sahara, à proximité de l'Aurès.

Elle joue dans la conquête française le rôle que tint longtemps la Lambessa des Romains dont on visite d'ailleurs les ruines remarquables à quelques kilomètres d'ici.

Lambessa, dont je veux dire quelques mots en passant, n'est plus aujourd'hui qu'un petit village, après avoir été le quartier général de la 3º légion romaine. La ville fut surprise par l'invasion vandale, puis habitée par les arabes. Lors de notre expédition des Ziban nous n'y trouvâmes plus que les belles ruines qu'il est permis au touriste de visiter aujourd'hui : monuments tumulaires, voie romaine admirablement conservée, portes, restes d'aqueduc, mosaïques, vestiges d'un cirque et d'un temple d'Esculape. De nombreuses inscriptions latines rappellent en maint endroit que Lambessa (Lambœsis) était le centre de résidence de la fameuse 3º légion : *Legio III, Augusta Pia, Vindex.*

On a même retrouvé le tombeau d'un des commandants de cette légion, A. Flavius Maximus, et comme ce monument menaçait ruine complète, l'un de nos braves officiers, le colonel Carbuccia le fit entièrement réédifier. L'ouvrage achevé, les cendres du général pieusement déposées dans l'urne funéraire, la garnison de Batna vint défiler, musique en tête, devant le mausolée, tout comme avait fait autrefois sans doute la 3º légion qu'elle saluait ainsi du souvenir.

C'est là un trait charmant de cœur et d'esprit tout à l'honneur du soldat poète qui en fut l'auteur et j'ai tenu à lui donner ici sa place.

A la sortie de Batna, nous faisons remarquer à notre automédon que la route n'a rien d'excessivement confortable pour les roues de la voiture. Le brave Pierre en reste « tout pétrifié », c'est le cas de le dire sans horrible jeu de mots :
« Ah! bien, Meschieurs, vou gen verrez beau-

coup par ichi des routes nachionales comme chelles là ! ! Nous chommes bien heureux d'avoir un beau chemin comme chà ! et che cherait à chouaiter que nous en aurions g'un pareil paché El-Kantara ! »

Route nationale ! excusez du peu ! mais nous ne sommes pas venus ici pour rouler sur le macadam des pays civilisés et ma foi nous sommes préparés pour le pire ! En avant vers le sud ! comme dirait Tartarin de Tarascon.

La route suit une large vallée à quelques kilomètres de Batna ; Pierre nous indique du fouet le Touggourt, montagne de 2,100 mètres d'altitude, couverte d'une épaisse forêt de cèdres magnifiques. Elle ne le cède en rien, dit-on, à celle de Teniet-el-Haad.

Toutes les montagnes que nous apercevons à droite et à gauche appartiennent au massif de l'Aurès dont les contreforts méridionaux vont mourir à l'entrée du désert près des oasis du Zab.

La plupart sont couvertes d'arbres ; quelques-unes dans leur nudité ressemblent à des falaises abruptes ou bien aux hautes murailles d'une forteresse flanquée parfois de bastions. Plus nous avançons vers le sud et plus la végétation se fait rare. Le froid est assez vif, aussi sommes-nous ravis d'avoir dans un mouvement de louable prudence emporté pardessus et couvertures; avis aux voyageurs! Ce serait une grossière erreur de s'imaginer qu'en Algérie on fond de chaleur quelque part que l'on aille. L'Algérie a ses hauts plateaux sur lesquels il gèle...... et gèle bien même. Ce n'est qu'en descendant vers les plaines ou bien vers le désert comme nous le faisons aujourd'hui que l'on commence à cuire graduellement, surtout si le sirocco, dont nous avons passablement abusé du reste, vient vous caresser agréablement les nerfs.

CHAPITRE XIII

Aïn-Touta. — Un monsieur qui n'appartient pas aux sociétés de tempérance. — Caravanes et spahis. — Les Bordj de l'Etat! — Le col des Juifs. — L'hôtel Bertrand. — Le matin dans la trouée d'El-Kantara. — Ce qui s'appelle bourlinguer! — Pays désolé. — L'oasis d'El-Outaia. — Télégraphistes d'occasion. — Ahmed-ben-Larbi. — Une caravane qui va camper. — Au col de Sfa. — Le Sahara! — Mer intérieure ou......... — Une diligence qui ne verse que deux fois par semaine. — La reine des Ziban.

Notre première halte se fait à Aïn-Touta, petit village d'Alsaciens-Lorrains. Notre Iserois y prend un troisième cheval et pendant qu'il installe des traits de fortune pour ce nouveau coursier, nous sollicitons de l'aubergiste, que dis-je? du gargotier de l'endroit, la faveur d'un rafraîchissement quelconque. Le choix est assez maigre ; le bonhomme n'a que du vin. Je demande de l'eau........ qu'il apporte dans une carafe........ et comme j'ai lu quelque part que les eaux de la localité sont sulfatées-sodo-magnésiennes, et que je ne tiens pas à remonter malade dans notre véhicule, je crois prudent de m'informer du goût de celle-ci : « Ma foi, monsieur, je ne saurais vous le dire, répond l'hôte. » « ???...... Comment???........ » — « Mon Dieu non ! je ne l'ai jamais goûtée,.... je ne bois que du vin ». Cet homme a des principes. J'aurais dû m'en douter rien qu'à voir ce nez et cette face ensoleillés. Il fait si chaud par ici quelquefois...... et l'eau y est si mauvaise !

On trouve des ruines romaines aux environs d'Aïn-Touta, mais le temps presse si nous voulons arriver à El-Kantara avant la nuit et force nous est de remettre à la voile.

Fréquemment nous croisons des caravanes de plus ou moins grande importance ; dix, quinze, vingt, trente chameaux chargés de dattes et remontant vers le nord afin d'y échanger les richesses des oasis zibanaises contre du froment et quelques autres denrées.

La piste des caravanes est voisine de la route qu'elle croise de temps à autre ; elle se déplace suivant les saisons, défoncée qu'elle est pendant les grandes pluies jusqu'à devenir impraticable ; nous ne la perdons cependant jamais de vue.

Nous chargeons notre brave cocher d'interpeller un des arabes juchés sur la haute bosse de son dromadaire, afin d'obtenir de lui un frais régime de dattes ; mais, soit principe, soit mauvaise volonté, l'arbi repousse formellement nos demandes, quelque appuyées qu'elles soient d'offres séduisantes d'indemnités pécuniaires.

Voici quelques spahis au trot sur la route ; leurs manteaux rouges flottent gaiement sur la croupe de leurs chevaux.

De loin en loin dans ce pays privé d'habitations, nous apercevons un bâtiment aux murailles percées de meurtrières ; Pierre, notre cocher, qui a conscience de son rôle de cicerone, ne manque pas en le désignant du fouet et se tournant à demi vers ses voyageurs de remarquer : « Ça chest un Bordj (fortin) qu'il appartient à l'Etat ! »

Invariablement nous lui demandons à quoi il sert ! Et le digne Iserois de répondre : « Que prégentement le bordj il ne sert quagiment à rien, mais que chest en cas d'insurrecquechion qu'il servirait de refuge ! »

Après quelques haltes destinées à laisser souffler l'attelage, nous arrivons au col des Juifs, long défilé d'un aspect véritablement sauvage et désolé ; à droite le Djebel Tilatou, à gauche le Djebel-Gaous. Autrefois il était prudent de ne s'y aventurer qu'armé et bien escorté ; nombre de caravanes y étaient pillées et les gens assassinés. L'oued Kantara court au fond de cette gorge et son lit desséché servait souvent de chemin pour les voitures et la diligence avant que la route actuelle ne fut terminée.

Enfin un peu avant sept heures à la tombée du soir, après un coude que fait la route dans le défilé, nous passons la rivière sur un pont construit depuis peu et près duquel s'élèvent les premiers palmiers d'El-Kantara. Quelques centaines de pas plus loin, nous découvrons au milieu de la verdure l'hôtel Bertrand dans lequel nous devons trouver un gîte pour la nuit.

Il est trop tard pour que nous puissions jouir du coup d'œil féerique dont on nous a tant parlé ; quant à présent l'hôte nous annonce le dîner, nous remettons donc le pittoresque à demain.

Des Anglais et un jeune ménage français en lune de miel sont nos voisins de table.

Hier et ce matin l'auberge était pleine de voyageurs allant à Biskra à l'occasion des fêtes données au gouverneur, M. Tirman, en tournée dans le sud. Heureusement trouvons-nous une chambre à trois lits. Les draps sont bien humides, les souris trottinent bien hardiment sur les carreaux qui garnissent le sol, mais avec nos 187 kilomètres de chemin de fer et de voiture nous ne pensons qu'à une chose ; c'est à nous endormir au murmure de l'oued Kantara qui de rochers en rochers roule tout écumant sous notre fenêtre.

26 Mars 1884.

En arabe « El-Kantara » ou « El-Kantra » veut dire « le pont » ; celui qui a donné son nom à la première oasis que l'on rencontre sur la route de Biskra est de construction romaine et son importance stratégique a de tout temps été singulièrement appréciée. Les arabes lui ont donné le nom de Foum-ès-Sahara, et c'est bien en effet à tous les points de vue la bouche, la grande porte du Tell dans le Sahara oriental.

Bien des sites m'ont ravi dans cette courte excursion sur le sol africain, mais peu je l'avoue

FOUM-ES-SAHARA — OASIS D'EL-KANTARA — LA TROUÉE

m'ont semblé aussi merveilleux que cette trouée d'El-Kantara !

La chaîne rocheuse du Djebel-Gaous semble s'être brusquement entr'ouverte pour livrer un étroit passage au torrent que longe en corniche la belle route faite rien qu'en cet endroit, comme si l'on avait voulu par des travaux d'art rivaliser avec les merveilles de la nature. Au delà de la gorge, le soleil levant donne des lueurs d'incendie aux massifs imposants de l'Aurès, sur lesquels se détachent gracieusement les plus hauts palmiers de l'oasis.

C'est un contraste charmant que celui de cette verdure avec l'aridité qui l'entoure et l'on ne saurait se faire une idée de la sensation de repos, de fraîcheur que donnent ces vingt mille arbres étranges au milieu de tant de sécheresse et de désolation.

Je ne parlerai pas plus longuement ici de l'oasis que nous devons visiter à notre retour et que nous laissons sur la droite.

Le breack s'est engagé sur la piste qui conduit à Biskra, piste est bien le mot, car de route il n'en existe plus au delà de la gorge d'El-Kantara. C'est alors que commencent pour ne plus cesser qu'à destination un roulis et un tangage dignes des sabots les moins marins qu'il soit possible de voir naviguer. Les ressorts du véhicule et les nôtres propres sont soumis à une bien rude épreuve, et nous plaignons vivement le jeune couple qui nous précède dans une sorte de calèche, attelée de deux vigoureux chevaux ; tantôt il disparaît dans une brusque saignée, tantôt il décrit un angle de quarante-cinq degrés au-dessus d'un fossé profond.

Nous nous cramponnons au dossier de notre breack afin de ne pas piquer une tête dans l'estomac de notre vis-à-vis. Le cocher a l'air de trouver cette danse macabre tout à fait naturelle, et nous assure que la route est bien pis un peu plus loin : « Qui chait même, ajoute-t-il, chi nous pourrons arriver à *Biskéra*, ce soir, il a beaucoup plu chès temps derniers et chi les torrents sont gonflés nous pourrons recheter vingte-quatre ou quarante-huit heures à attendre qu'ils dégonflent ! »...... ... Nous nous regardons .... « J'ai vu même attendre huit jours, Meschieurs, pour faire passer ma voiture, continue-t-il, et dam che n'était pas drôle ! » Nous le rassurons sur-le-champ en lui promettant que notre patience n'irait pas jusque là, notre intention étant de n'attendre même pas une heure pour passer la première rivière à laquelle aurait pris une semblable fantaisie.

D'ornière en saignée, de monticule en fondrière, nous poursuivons notre course folle, pensant verser tous les vingt pas au milieu des fossiles, des huîtres et des cailloux ronds qui jonchent le sol. Près de nous passent les caravanes plus nombreuses que la veille. Les hommes sont tranquillement assis sur leurs chameaux, tandis que les femmes, dans leurs costumes bariolés marchent en poussant devant elles chèvres et moutons et traînant leurs innombrables moutards. Ici comme dans la fable et plus que dans la fable du bon la Fontaine les passants pourraient trouver à redire, les galants surtout.

Ces arabes appartiennent pour la plupart au désert de Touggourt; leur destination est Batna, mais quelques-uns remontent beaucoup plus au nord.

Nulle part nous n'apercevons plus de traces de végétation. Nous rencontrons une très petite oasis de deux cents à deux cent vingt palmiers environ qui appartient à un commandant en retraite (1); du moins, à ce que nous disent trois ou quatre soldats qui travaillent à la construction d'un mur. Il faut avoir le diable au corps pour venir se loger par ici; mais tous les goûts sont dans la nature. L'un des piocheurs me raconte

(1) Le Commandant Ross.

qu'il est de Caen..... et qu'il voudrait bien y retourner! je le crois sans peine le brave garçon, car rien de tout ceci ne ressemble aux fraîches prairies de sa ville natale quelque pittoresque que ce soit.

Un peu avant d'arriver à El-Outaia s'élève sur la gauche une montagne blanchâtre; c'est le Djebel R'arribou, formé de couches de sel gemme que les arabes exploitent comme les lacs de la plus primitive façon.

L'oasis d'El-Outaia où nous faisons la grande halte, a joui d'une certaine renommée sous la domination romaine; on y voit les ruines d'un amphithéâtre remontant aux règnes des Aurèle, Antonin et Commode. On y a cultivé avec succès le coton longue soie.

La table de l'auberge est servie et comme il n'y en a qu'une, à ce que j'ai pu voir du moins, nous nous y installons avec le ménage en lune de miel auquel, comme à nous-mêmes, les cahots de la voiture ont ouvert un appétit gigantesque.

Nous faisons ensuite une courte visite dans l'oasis, assaillis sans relâche par des bandes de petits arabes qui paraissent se soucier médiocrement de la grave plaque bleue sur laquelle brille, tout comme en France, l'avertissement que : « La mendicité est interdite dans le département de Constantine ». J'en bourre quelques-uns de chocolat, quelques autres de menue monnaie et enfin, à bout de ressources, nous n'avons plus que celle de regagner le caravansérail et de nous réfugier dans le breack qui nous attend.

A quelques centaines de mètres d'El-Outaia, nous remarquons que le fil télégraphique dont le point extrême est Biskra, se trouve rompu ; le fait n'est malheureusement pas rare, et les communications se trouvent ainsi complètement interrompues, soit qu'il y ait malveillance de la part des tribus du voisinage, soit qu'un chameau de belle taille, peu soucieux de la résistance, ait brisé le fil dont la courbe un peu trop voisine du sol a été rencontrée par son poitrail ou son long cou.

Bien vite nous sautons à bas du breack, nous grimpons aux poteaux télégraphiques et avec l'aide du guide de la voiture précédente Ahmed-ben-Larbi et celui de nos cochers nous nous suspendons aux deux extrémités du fil rompu ; nous réussissons enfin à opérer une ligature un peu primitive mais suffisante pour rétablir la communication. Or comme une bonne action doit avoir tôt ou tard sa récompense, nous escomptons que celle-ci nous procurera l'avantage de passer ce soir un télégramme du désert jusqu'aux bords glacés de la Seine.

Ahmed-ben-Larbi dont j'ai cité le nom plus haut, est un bel arabe de haute taille, neveu du cheikh d'El-Kantara Sidi Bel-Kassem-ben-Bellil. Il sert depuis quelques années de guide aux voyageurs de l'hôtel Bertrand et parle suffisamment le français pour remplir son rôle. C'est un homme de trente-trois ans environ, admirablement bâti, aux traits réguliers et fins, d'une politesse parfaite et sachant ce que les arabes savent si bien faire, marcher et se draper avec cette majesté antique qu'ils semblent d'ailleurs avoir étudiée dès l'âge le plus tendre. Ajoutez à ce portrait un fréquent sourire qui laisse voir des dents d'une éblouissante blancheur et vous connaîtrez presque aussi bien que moi, je l'espère, Ahmed-ben-Larbi, le guide que je recommande entre tous aux européens qui poussent jusqu'en ces parages.

La contrée est toujours aride et nue, cependant ce n'est pas encore là le désert à proprement parler. Voici au loin une longue caravane qui s'avance du sud-est vers le nord. Rien n'est monotone comme cette marche automatique du chameau; on dirait d'un grand animal mécanique poursuivant lentement son chemin sans que jamais un pas diffère de l'autre en longueur ou en vitesse. Nous en comptons cent vingt et tout à coup sur un signal donné tous se sont arrêtés agenouillés ou couchés. C'est alors un tohu-bohu indescriptible, hommes, femmes, enfants déchargent leurs bêtes des tentes, des batteries de cuisine, ou de tout autre objet nécessaire à l'installation du campement ; les chiens hurlent, les enfants grouillent et rien n'est pittoresque comme ce va-et-vient des costumes jaunes, rouges ou bleus des femmes arabes, et des burnous blancs de leurs seigneurs et maîtres.

Chameaux noirs, marrons, blancs même, petits et grands, à peine débarrassés de leurs fardeaux, allongent leurs interminables cous et s'écartent pour chercher un dîner bien gagné parmi les rares et chétives touffes d'herbe qui mettent une si extrême bonne volonté à pousser sur ce sol ingrat.

Enfin nous approchons à travers un pays désolé du rideau de collines qui nous cache Biskra. Nous gravissons le col de Sfa et nous débouchons à dix kilomètres de la terre promise.

La vue est féerique et cette fois voici bien le désert constellé d'oasis, immensité de sable mouchetée de taches noires que Ptolémée comparait à une peau de panthère. Je ne saurais rendre ici je le crains, l'impression étrange que l'on ressent en apercevant le Sahara pour la première fois, et je comprends sans peine que nos soldats se soient naïvement écriés en ce lieu même : « La mer ! La mer ! »

Biskra, la reine des Ziban, n'est encore qu'une masse confuse et semble flotter comme les oasis ses sœurs sur cet océan de sable. Vers l'orient fuient à l'infini les contreforts empourprés de l'Aurès. Jamais pour ma part je n'oublierai ce spectacle imposant.

L'admiration doit cependant avoir des bornes sinon intellectuelles du moins matérielles et l'enfant de l'Isère nous rappelle que nous voulons visiter « *Biskéra* » avant la tombée de la nuit. Ce ne sera donc pas trop que des quelques heures de l'après-midi qui nous restent pour remplir le programme.

Au pied du Djebel-bou-R'ezal, que traverse le col de Sfa, nous perdons complètement de vue l'immensité saharienne. Une série de monticules sablonneux court en effet parallèlement à la chaîne de l'Aurès sur une largeur de quelques kilomètres. Ici le sable est encore parsemé de cailloux, véritables galets de cette mer antédiluvienne aujourd'hui desséchée. En parlant de mer intérieure, je dis peut-être une énormité aux yeux de certains savants, mais je m'empresse de déclarer avec la plus parfaite franchise, que je ne saurais à aucun titre traiter une question aussi étrangère à mes aptitudes et à mes connaissances scientifiques.

Je sais tout simplement que les uns ont admis l'existence dans la nuit des temps d'un vaste océan sur ces dunes désolées, océan dont les lacs salés actuels seraient comme les plus profondes cuvettes, les derniers dépositaires de l'onde amère ; tandis que les autres affirment que ce sable provient purement de l'effritement du sol sous l'action du soleil et des vents. Les galets suivant eux, se seraient arrondis et polis sous cette même action ; quant aux lacs salés ils seraient simplement alimentés par les eaux souterraines descendues des montagnes de sel gemme dont l'Afrique boréale abonde.

Grammatici certant.......

Au fond, cela m'est bien égal, ainsi du reste qu'à ce bon Philbull et au digne cousin Pierre. Ce qui nous intrigue en revanche beaucoup plus, c'est de comprendre comment la diligence qui vient de nous croiser, balançant sa haute masse sur des ressorts que je veux croire solides, peut rouler en semblable terrain. Notre cocher nous dit, et j'ai quelque peine à le croire, qu'elle ne verse qu'une ou deux fois par semaine environ. C'est peu vraiment et cela me rassure pour Raoul qui doit user de ce moyen de transport.

A quelques kilomètres d'El-Outaia nous respirions un air salin des plus accusés et dû je le pense au voisinage du R'arribou, maintenant c'est un délicieux parfum de fleurs d'oranger, de giroflées et de roses que la brise tiède du désert nous apporte en fuyant vers le nord.

Nous ne sommes plus bien loin de Biskra et là au détour de ce gros monticule de sable, voici la fraîche oasis qui profile les panaches touffus de ses innombrables palmiers sur l'azur foncé du ciel. Ile enchantée au milieu de cet océan désolé. C'est véritablement un tableau charmant qui s'offre à l'œil fatigué de ce sable interminable, de cette multitude de galets et de ces rares touffes d'herbe sale. L'on respire avec ce bien-être, avec cette sérénité d'esprit de gens qui ont enfin touché le port après un long voyage.

Nous entrons dans Biskra. Murailles et maisons sont construites en tôb (briques séchées au soleil), d'une couleur grise uniforme qui fait d'autant mieux ressortir la verdure qui les encadre. La rue que nous avons enfilée est bordée à droite par une longue rangée de basses constructions à arcades, à gauche par un beau jardin aux arbres d'essences diverses et aux parterres fleuris. Des soldats y sont occupés à arroser ; et c'est encore une sensation délicieuse que de voir couler cette eau avec abondance ; je meurs de soif et pour un peu mon imagination me ferait prendre, nouvel Eliézer, quelqu'innocent Dumanet dans l'exercice des fonctions de jardinier pour la gracieuse Rebecca, et comme autrefois le fidèle serviteur au puits du désert je prendrais une formidable lampée dans son........ arrosoir. Imitation inutile ou du moins prématurée, le breack s'arrête devant l'hôtel du Sahara dont les propriétaires, M. Chabert, ancien lieutenant de chasseurs d'Afrique et Mme Chabert, nous font les honneurs d'une façon fort avenante. Nous ne nous attendions pas à trouver aussi loin un logis d'aussi bonne mine.

CHAPITRE XIV

Un hôtel dans une oasis. — Le nez d'un employé du télégraphe. — Coup d'œil sur le passé et le présent de Biskra. — Le palmier. — Le village nègre. — Un coin du Paradis de Mahomet. — La ville arabe. — Biskris, Sahariens, Touaregs. — La mosquée de Sidi-Malek. — Le chant du muezzin. — Un marabout qui a de l'esprit. — Le marché. — Oulad-Naïls.

C'est une véritable chance pour nous de n'être pas arrivés la veille, nous n'eussions pas trouvé une chambre dans l'hôtel qu'occupaient monsieur Tirman et les vingt-sept personnes de sa suite. Tout ce monde est parti le matin même, Edmond About accompagnait le gouverneur. Il y a eu des fantasias données par les tribus voisines, des fêtes de toutes sortes, mais s'il avait fallu coucher à la belle étoile pour les voir, j'ignore si le cousin Pierre s'en serait accommodé.

Nos chambres sont relativement confortables, mais propres, ce qui vaut mieux, et d'ailleurs nous ne sommes pas venus en Algérie pour rechercher les raffinements de la civilisation européenne. En un tour de main, nous sommes prêts et sous la conduite d'un guide, nous profitons de quelques heures de jour qui nous restent encore pour faire dès maintenant plus ample connaissance avec la Biskra-en-Nokkel, « la Biskra aux Palmiers. »

Le temps est merveilleux; à peine quelques légers nuages blancs flottent-ils à l'horizon, notre guide nous les montre cependant en branlant la tête et d'un air sentencieux nous dit: « Sirocco pour demain ! »

Nous courons au télégraphe, et avec l'aplomb de gens qui ont conscience de leur importance nous interpellons l'employé dont la figure rébarbative daigne s'approcher du guichet.

« Télégramme pour la France ! » — C'est bien !.... attendez ! » — « Attendez quoi ?... que le télégraphe fonctionne ?....... il doit marcher cependant depuis que nous l'avons raccommodé ! »

Ahurissement complet du monsieur, dont la tête sort de l'embrasure : — « Vous avez raccommodé le télégraphe ? » Et nous, d'un air goguenard: « Vous n'avez donc pas eu d'interruption aujourd'hui ? » — « Non ! ou du moins depuis midi, heure avant laquelle nous n'avons pas passé de dépêche, nous avons constaté une grande faiblesse dans le courant. » — « Midi ! c'est à 11 h. 30 que nous avons relié votre fil brisé au dixième poteau télégraphique au sud d'El-Outaia ! » La physionomie du mercenaire s'illumine, devient souriante, et pour un peu le corps tout entier suivant la tête à travers le guichet, ses longs bras nous étreindraient dans l'élan de sa reconnaissance.

Il ne saisit toutefois que les télégrammes que nous lui tendons et qu'il se hâte de transmettre par le fil qui nous doit l'existence. Mais ce qui nous semble être le comble de l'ingratitude, c'est qu'il consent à percevoir la taxe ! vraiment la franchise nous était bien due !

Avant de parcourir l'oasis, je dirai deux mots de son passé et de son présent.

Biskra est l'Ad-Piscinam des Romains. Sous leur domination elle joue un certain rôle. Au temps des différentes dynasties arabes, elle est toujours la capitale du Zab, c'est-à-dire du pays compris entre l'Aurès au nord et le grand Sahara proprement dit au sud. En 1844 elle est occupée pour la première fois par nos colonnes, à la tête desquelles se trouve le duc d'Aumale, mais la faible garnison qu'il y laisse est bientôt massacrée et ce n'est que l'année suivante qu'elle tombe définitivement entre nos mains.

La moderne Biskra s'étend sur une longueur de cinq kilomètres et sur une largeur de cent à quatre cents mètres. Elle possède près de cent cinquante mille beaux palmiers, six mille oliviers et nombre d'arbres d'essences diverses, tels qu'orangers, citronniers, figuiers, etc. Cette oasis forme avec les Ziban ou oasis du voisinage une commune mixte de 103,874 habitants, dont environ 250 français. La ville européenne dans laquelle se trouve notre hôtel, contient un beau marché couvert auquel nous reviendrons.

Rien n'est original comme l'aspect des rues ou pour mieux dire des ruelles de Biskra. C'est le quartier nègre que nous visitons le premier ; il est, comme la ville arabe d'ailleurs, construit en tôb ou briques séchées au soleil d'après l'usage des indigènes ; les toits plats sont faits de la même matière ; les maisons ont une porte sur la rue et quelquefois, mais rarement, une lucarne étroite ; le plus souvent, contre le mur de l'habitation, règne une espèce de lit de camp ou de plate-forme en terre également sur laquelle dort le propriétaire et jabotent les enfants.

Dans bien des rues, la rivière divisée en mille canaux pour l'arrosage de l'oasis, tantôt suit l'un des côtés, tantôt les traverse sur un pont primitif fait de bambous ou de quelques troncs de palmiers, pour aller donner la fraîcheur et la vie aux orangers, aux figuiers et surtout aux palmiers des jardins.

Le palmier-dattier constitue en effet la grande richesse, et le commerce principal de Biskra, comme de toute autre oasis, et sans eau, sans eau en abondance, cet arbre précieux ne saurait vivre. « Il doit avoir, disent les arabes dans leur « langage imagé, les pieds toujours arrosés et la « tête dans le feu ! »

Il y a plus de soixante-dix espèces de palmiers ; celle qui domine à Biskra ne produit malheureusement pas des dattes de toute première qualité.

Chaque propriétaire a sa ration d'eau quotidienne, suivant le nombre d'arbres qu'il possède. Un jour sur sept, il y a grande distribution. C'est que la rivière n'est pas intarissable et il a fallu depuis les temps les plus reculés établir une véritable législation pour éviter des abus capables d'entraîner la ruine des habitants.

Pour en revenir au quartier nègre proprement dit, je dois constater qu'il est sans conteste la partie la plus misérable de l'oasis ; les arbres y sont plus rares, et les habitants noirs à faire pâlir de jalousie des bâtons de réglisse, semblent plus sales et plus entassés que partout ailleurs.

Quelques-uns de ces pauvres diables nous offrent des colliers de perles ou autres bibelots fabriqués par eux.

Accroupie dans un coin, une vieille mégère nous demande l'aumône d'une voix sortie de je ne sais quelle antique casserole ; elle est hideuse à voir dans ses haillons, ses jambes grosses comme ma canne n'ont plus que la peau qui retombe en grosses rides jaunies par la saleté.

Plus loin, c'est un nègre centenaire, ses cheveux crépus et sa barbe sont d'un blanc olivâtre, ses yeux à moitié sortis de leurs orbites, tout saignants et remplis de pus, servent de pâture à un essaim de grosses mouches vertes. Cela vous soulève le cœur et si j'en parle ici, ce dont je demande pardon à celles de mes amies qui me liront peut-être, c'est que je veux signaler un cas qui d'un bout à l'autre de notre Algérie n'est malheureusement pas isolé.

L'on rencontre fréquemment de ces malheureux nègres ou arabes rongés par des maladies atroces et ne faisant rien pour s'en guérir. C'est pour eux une manifestation de la volonté d'Allah ! et ils s'y résignent. Sur les marches de la mosquée Abder-Rhaman, à Alger, nous avions vu de ces infortunés et depuis, un peu partout, ce triste spectacle nous avait frappés ; aussi commençons-nous à nous aguerrir, si tant est que l'on puisse s'accoutumer à pareille horreur.

Mais comme au sortir d'un cauchemar, ou s'il m'est permis de fouiller dans mes souvenirs classiques, comme le pieux Enée en laissant les enfers sous la conduite de la Sibylle, nous pénétrons nous aussi dans les Champs-Elysées, dans cet Eden de verdure qui s'appelle la propriété Landon :

> Devenere locos lætos et amœna vireta
> Fortunatorum nemorum, sedesque beatos.

Fantaisie de millionnaire transportant au milieu de ces dunes brûlées un jardin des Mille et une Nuits. Certes, on pourrait tenir compte des contrastes, de l'inattendu pour expliquer le charme sous lequel vous laisse cet admirable spécimen de la végétation tropicale ; il n'en est aucunement besoin, la propriété de M. Landon est bien et serait partout une merveille quel que soit le cadre qui l'entoure.

On s'y rend par une large chaussée bien entretenue qui longe la rivière. Au milieu même du lit s'élève le marabout d'Aboul-Fadel que l'eau baigne de toutes parts……… quand elle coule ! En ce moment ce n'est pas le cas. J'ai prononcé le mot baigner,…… j'ai fait erreur……

car il paraît que le flot respecte toujours le tombeau du saint qui a voulu bercer son grand sommeil au murmure des ondes de l'oued Biskra.

Un arabe d'une tenue soignée, nous reçoit à la grille du parc et sur la remise de nos cartes nous en fait les honneurs.

Cet intendant connaît les noms usuels ou scientifiques des mille plantes qui poussent dans ces beaux jardins. Partout l'eau coule abondamment sous les hauts palmiers, les yuccas et cent autres beaux arbres, enfants des tropiques ; de nombreuses cascades perlent leurs notes fraîches en tombant au milieu des fleurs.

Dans une prairie, des arabes font les foins. Un joli salon meublé à la mauresque s'élève dans une clairière mais notre cornac a défense d'y laisser pénétrer. Plus loin, c'est une élégante salle à manger, puis dans une allée de bambous un kiosque de repos où le maître de céans peut faire la sieste, enivré du parfum des fleurs d'oranger et des beaux cédrats que nous apercevons dans les avenues voisines.

Un écriteau indique en français et en anglais aux visiteurs qu'ils peuvent prolonger si bon leur semble leur promenade en ce lieu de délices ; mais malgré l'envie que nous avons de nous étendre quelque part sur le gazon, et de reposer nos membres maltraités par les cahots de la route, nous ne croyons pas devoir profiter de l'invitation et nous sortons du paradis Landon pour visiter le reste de l'oasis.

La ville arabe est immense ; c'est une suite de ruelles étroites bordées d'habitations en tôb ou simplement des murs plus ou moins élevés des jardins. Les petits indigènes grouillent là-dedans et paraissent ravis de voir passer des types aussi singuliers que votre serviteur et ses compagnons de voyage.

Le costume des habitants paraît des moins compliqués ; un simple burnous et............ pas grand'chose dessous, je crois. Il est vrai que le climat prête à cette mode, et forcément la note du tailleur s'en trouve bien réduite.

Chez les Biskris ou habitants de Biskra, de même que chez tous les Sahariens, se retrouve cette grande division des races arabe et berbère.

Les Berbères ou Kabyles des oasis ont subi la domination arabe, et au moment de notre conquête étaient devenus les véritables tenanciers de leurs nomades vainqueurs. Pour ces laborieuses populations, l'occupation française a donc été un bienfait en les mettant à l'abri du pillage et de la cruauté des tribus guerrières.

Seule de tous les sahariens berbères, la grande

tribu des Touaregs réfugiée dans des montagnes impénétrables ou dans des oasis lointaines n'a jamais subi le joug arabe. Nous avons cherché à nous attirer ces peuplades indépendantes ; leur amitié nous eut été nécessaire pour le développement de notre commerce avec le Sahara et plus tard à travers le désert jusqu'au Sénégal, car les Touaregs sont les vrais intermédiaires entre ces vastes contrées encore inconnues et le nord de l'Afrique ; mais jusqu'ici tout ce que l'on a tenté en dehors de la force n'a point réussi ; le massacre de la fameuse mission Flatters par les Touaregs-Ahaggars en est une preuve récente et douloureuse.

Tôt ou tard une expédition sérieuse contre les Touaregs s'impose à notre armée coloniale. Le prestige et le drapeau de la France ne sauraient qu'y gagner et c'est là un champ d'action mieux indiqué et moins coûteux ce me semble que beaucoup de ceux que l'on est allé chercher à quelques mille lieues plus loin au risque de se heurter à des empires de quatre ou cinq cents millions d'habitants........ plus ou moins chinois.

Mais je m'aperçois que ma modestie de voyageur d'occasion s'est permis une incartade dans le domaine de la politique extérieure, domaine exclusif des hommes éminents qui dirigent les affaires de la France et si à défaut d'Allah j'ai offensé.......... son prophète, entrons dans cette blanche mosquée et prions Mahomet. Si j'ai bien compris le jargon de notre cornac celle-ci est sous le vocable de Sidi-Malek.

Du haut du minaret, nous jouissons d'une belle vue d'ensemble sur Biskra ; au loin battant les rives de cette île de verdure, la mer de sable l'enserre de toutes parts, les oasis voisines détachent leurs élégants palmiers sur l'horizon rougi par le soleil couchant, et près de nous le muezzin qui appelle les croyants à la prière élève la voix en se tournant vers les quatre points cardinaux.

Pour redescendre du minaret comme pour y monter du reste, le travail n'a rien de très rassurant ; les marches de l'escalier tournant ne sont pas accoutumées à supporter le poids de gens trop nourris et il ne faudrait pas abuser de leur innocence, le plâtre des murailles s'effrite de droite et de gauche mais le guide dissipe nos craintes en nous affirmant que le minaret ne s'est encore écroulé que deux fois.

A la porte l'Iman nous demande l'aumône pour l'entretien de la mosquée, l'argument est irréfutable, elle en a diablement besoin !..........
Je lui verse généreusement une pièce blanche et

je l'engage vivement à la consacrer à la réparation du minaret que je considère comme la partie utile de l'édifice au point de vue de l'art et aussi comme un véritable casse-cou. Il se confond en remercîments et tandis que nous nous éloignons, nous entendons la voix du muezzin qui chante du haut de la mosquée sur un rhythme traînant et nasillard :

La illah illa Allah Mohammed rassoul Allah !!

Le guide qui s'est offert pour nous piloter, a malgré sa jeunesse de hautes prétentions à la science du français qu'il écorche de la plus cruelle façon. Le misérable nous parsème ses explications d'un tas de mots dont la portée n'a pas le moindre rapport à ce qu'il veut raconter ou à ce qu'on lui demande. Cependant j'ai pu, non sans peine, comprendre que la mosquée que nous venons de visiter est fréquentée par un marabout célèbre et très connu dans la contrée, « Sidi Mohammed-Moussa ». Le saint personnage jouit tout bêtement de la spécialité de rendre à son gré les femmes stériles : « Ainsi, me dit en
« substance le jeune Biskri, supposition que tu
« as assez d'enfants, tu envoies ta mra (femme)
« avec un présent trouver le marabout ; il lui
« donne un numéro et tu peux dormir tran-
« quille ».

C'est bien simple, il n'y a plus à s'en occuper et l'on n'a plus de moutard supplémentaire....... à moins peut-être que le présent n'ait cessé de plaire ; mais d'après l'admiration avec laquelle notre guide nous parlait de lui, j'estime que Sidi Mohammed-Moussa est bon prince et sait se contenter de peu. Quoi qu'il en soit, c'est pour les gens du pays un article de foi.

Une autre curiosité de Biskra, que le jeune croyant tient à nous montrer à travers les fentes d'une porte de jardin, c'est.... je vous le donne en mille........... une petite fille arabe vêtue à la française. Son père était à ce qu'il paraît maire français de l'endroit ; il avait épousé une femme musulmane ; il est mort, mais la mère, en souvenir de son seigneur et maître, habille sa progéniture un jour à la française et l'autre à l'orientale.

Au marché couvert par lequel nous passons en rentrant à l'hôtel nous sommes assaillis par les offres des arabes et des juifs. Je leur achète quelques bibelots, entre autres des couteaux Touaregs et des boucles d'oreilles en argent, ces volumineuses machines sont portées par les négresses et surtout par les oulad-naïls. Ceci m'amène à dire quelques mots de ces femmes que nous avons rencontrées un peu partout en

Algérie, mais qui sont plus particulièrement nombreuses à Biskra.

La tribu des Oulad-Naïls est l'une des plus importantes du sud. Sa renommée tient à une cause qui n'a rien de particulièrement glorieux ni honorable, mais à cet égard, paraît-il, nous aurions des préjugés et rien que des préjugés absolument ridicules.

Dès leur jeune âge, toutes les filles de ladite tribu deviennent courtisanes, et comme l'on voit dans d'autres pays, en Savoie, par exemple, les enfants partir dans toutes les directions pour s'en aller gagner leur vie, amasser un magot et revenir un jour presque riches au pays, ainsi voit-on s'envoler les jolies oulad-naïls se répandant des oasis du désert à la frontière marocaine et jusqu'aux bords de la mer bleue.

Toujours elles conservent leur costume étrange et un beau matin leurs dots amassées........ elles regagnent le douar de leurs pères et se marient aussi facilement (plus facilement même, dit-on), que si elles rentraient au bercail pures comme des colombes et fraîches comme le lis de la vallée.

Quelques-unes de ces femmes sont belles et généralement elles sont bien faites. Leur accoutrement est des plus bizarres. Elles portent sur la tête et sur leurs vêtements aux bras et aux jambes des pyramides de colliers, de bracelets et de broches ; à leurs oreilles pendent d'énormes boucles ; leurs doigts sont chargés de bagues.

Elles sont drapées dans des étoffes de couleurs éclatantes et portent en bijoux sur elles toute leur petite fortune. De longues agrafes en argent retiennent aux épaules leur ample tunique qu'une écharpe ou une ceinture en métal filigrané serre à la taille.

Les oulad-naïls sont les premières danseuses de l'Algérie ; je me hâte d'ajouter que cet art n'a rien de commun avec celui que nous comprenons et voyons pratiquer en Europe. J'en reparlerai tout à l'heure.

A l'hôtel du Sahara, nous sommes agréablement surpris de retrouver Raoul, arrivé par la diligence.

CHAPITRE XV

Une soirée dans un café arabe. — La danse du ventre. — Un personnage important. — Comment on achète des bracelets pour son harem. — Un mariage juif. — Après quatre jours de noces. — Départ pour le désert. — Un ménage en lune de miel. — Le Simoun ! — Mésaventure de la caravane. — Relâche ! — Hospitalité des Bab-el-Krokhriens. — Où l'on voit que pour être mère d'un cheikh on n'est pas pour cela forcé de sympathiser avec le homard conservé ! — Un clergyman obstiné.

près avoir dîné et goûté du vin de palmier (1) dont nous ne demeurons pas absolument enthousiasmés, nous allons voir un café arabe du voisinage.

Ce café n'est autre chose qu'une longue salle d'une nudité absolue. L'ameublement est représenté par des bancs en bois placés le long des murailles latérales. Des portes ouvertes aux extrémités donnent accès sur deux rues populeuses. La pièce est encombrée d'arabes et de

(1) C'est en coupant la tête du palmier, le plus souvent lorsqu'il est âgé, que l'on en tire la sève ou vin. Ce vin est doux ou aigre. L'arbre ainsi sacrifié meurt, non sans avoir produit plusieurs litres de liquide par jour.

nègres; deux ou trois européens seulement sont comme nous venus jeter un coup d'œil.

Au milieu des consommateurs, juchés sur l'une des banquettes, trois beaux nègres soudanais, drapés dans des burnous éclatants de blancheur, représentent l'orchestre et s'escriment consciencieusement, l'un sur une flûte, les autres sur un tambour de basque et sur un vaste tambourin.

La flûte a un souffle désopilant; avec une volubilité étourdissante, elle exécute sans interruption un roulement de trois notes perçantes, rien que trois, mais quelles notes!! Décidément ces races africaines n'ont pas été douées par la nature sous le rapport musical.

On nous a fait asseoir à la place d'honneur et le maître de céans nous offre dans des tasses exiguës le nectar parfumé, le bienfaisant kaoua.

De temps à autre, comme des papillons attirés par la lumière, des oulad-naïls entrent par une des portes. Elles sont en grand costume, surchargées de bijoux et au son de la musique qui semble les enivrer (elles ne sont pas difficiles!) elles exécutent seules, puis deux à deux en se tenant par la main ou la taille la fameuse Danse du ventre, la danse la plus en vogue chez les arabes.

Elle consiste à opérer avec l'abdomen, mais

rien qu'avec cette partie de leur individu des soubresauts électriques et cadencés ; le reste du corps, tête, épaules, poitrine, jambes même demeurant strictement immobiles.

J'imagine qu'il faut un fameux travail de dislocation pour en arriver à ce degré de perfection.

Etoiles d'un ballet fantastique, les oulad-naïls paraissent glisser sur les talons d'un bout à l'autre de la salle, et le cliquetis argentin de leurs armures de bijoux se mêle seul aux sons assourdissants de l'infatigable orchestre.

Sur ces entrefaites, un personnage à képi galonné fait son entrée ; le patron du café se précipite, l'arrose spontanément de kaoua et pousse la délicatesse jusqu'à lui bourrer sa pipe......... ce à quoi d'ailleurs le nouveau venu n'oppose aucune résistance.......... Information prise, c'est le sergent de ville de Biskra. Ce patron est un fin politique.

Le représentant de l'ordre lie conversation avec moi et me donne des explications sur tout et sur tous......... je finis par ne plus pouvoir m'en dépêtrer. Voilà tantôt vingt-sept ans que cet ancien soldat exerce à Biskra, c'est assez vous dire s'il connaît son monde et s'il en a à me raconter !

Oulad-naïls et arabes le considèrent avec respect. Semblable à un pacha, sa canne entre les jambes, d'un signe il ordonne aux danseuses de reprendre leurs exercices en compagnie cette fois d'un jeune négrillon, lequel ayant commencé par faire le récalcitrant, se voit rappeler au sentiment de la situation par une volée de coups de canne tombant sur la partie la plus habillée de son individu.

Mon interlocuteur m'indique que le corps de ballet, en exécutant la présente danse nationale en famille ou dans sa tribu, ne garde généralement que ses bijoux pour tout vêtement ! c'est maigre........ mais ici, par égard sans doute pour la rigidité des mœurs et la pudeur républicaines, les filles du désert sont priées de paraître en costume moins léger.

Au moment où nous nous disposons à sortir, une des oulad-naïls s'approche de moi et me présente des bracelets en argent massif, qu'elle retire de ses poignets. Tout en imaginant bien qu'elle n'a point la délicate attention de m'en faire présent, j'ai recours à mon sergent de ville pour démêler le charabia de la belle enfant, qui déjà s'apprête à passer ses bracelets au bras de ma voisine (du jeune ménage en lune de miel).

Voici le résumé de notre colloque :

« Toi offrir à ta favorite ce beau bracelet ?... »

— « Dites-lui que madame n'est nullement......
« ma favorite ! »

Ebahissement de l'oulad-naïl qui reprend :
« Eh bien ! quand toi retourneras au pays à toi,
« ne voudras-tu pas offrir d'aussi beaux bijoux
« aux femmes de ton harem ? » — « Ah ! très
« bien...... veuillez lui expliquer qu'en effet je
« voudrais acheter quelque souvenir de Biskra
« pour mon harem........ mais que comme il est
« tout petit, n'ayant pas le droit d'avoir plus
« d'une femme, un seul bracelet me suffira. »

Mais l'oulad-naïl a peine à comprendre qu'un européen qu'elle avait pris (j'en suis flatté) pour un noble de grande tente soit assez pingre ou misérable, pour ne posséder qu'une seule femme dans sa maison.

Je prie mon interprète d'occasion de faire savoir à la naïve enfant que j'ai bien aussi une .... cuisinière, une femme de chambre et même une bonne d'enfants, mais que je ne leur offre jamais de bracelets en argent ciselé.

Ici mon brave sergent de ville croit devoir m'arrêter et me dit du ton le plus convaincu :
« Ah ! bien, croyez-moi, ce n'est pas la peine, elle ne vous comprendra pas. Et puis après tout, voyez-vous, payez-lui son bracelet et envoyez-la promener ! »

Malgré mon désir de continuer une conversation aussi originale, je dus par discrétion, céder aux conseils intéressés de mon truchement et, payant la danseuse, je pris possession du curieux bijou.

« Tout ça, voyez-vous, monsieur, me dit le sergent de ville en prenant congé, c'est encore une gaillarde qui est dans la panne et qui a besoin de fourrer quelques bribes de sa parure au clou ! »

Cette réflexion me laisse rêveur. Eh ! quoi, vous aussi, oulad-naïls, vous auriez des dettes ?

Il se fait tard et comme nous devons nous lever avec l'aurore pour aller à cheval visiter l'oasis de Sidi-Okba, dans le Zab-Chergui (Zab de l'est) ou celle de Oumach, dans le Zab-Guebli (Zab du sud), nous reprenons le chemin de l'hôtel.

Dans le quartier endormi que nous traversons, une maison moitié européenne moitié arabe attire nos regards ; elle est brillamment éclairée à l'intérieur, si l'on en juge du moins par la lumière qui filtre à travers les jalousies, et en prêtant l'oreille nous distinguons un chant monotone que la brise apporte jusqu'à nous dans le silence de la nuit, avec accompagnements intermittents de tambourins et de violons.

RUE DES OULAD-NAILS — OASIS DE BISKRA

RUE DES OULAD-NAILS — OASIS DE BISKRA

« Mariage juif ! » nous dit le guide. — « Ah ! cela doit être curieux ! il faut entrer ! » suggère immédiatement Mme ***. Le guide demeure ahuri de tant d'audace. « Mais, tu sais bien, madame, défendu d'entrer.......... mariage juif ! .... mariage particulier......... jamais permis d'entrer........ juifs seulement ! »

Désir de femme est un feu qui dévore........... a dit quelque part le poète de Vert-Vert........ et notre guide, après bien des dénégations et des hésitations, effrayé de sa propre audace se risque à frapper à la porte en murmurant en arabe quelque chose qui signifie : que ce sont des voyageurs désireux de souhaiter le bonsoir à la noce.

Aussitôt, avec une bonne grâce à laquelle nous avions ce me semble peu le droit de nous attendre, l'hôte lui-même vient nous prier d'entrer et nous fait asseoir. La salle dans laquelle se passe la fête nuptiale est de moyenne dimension. Sur de moelleux divans placés contre les murailles sont étendus les parents et les amis dans leurs plus riches costumes ; devant eux sur des petites tables algériennes, gâteaux et fruits s'élèvent en pyramides au milieu des fleurs, et le cristal des verres et des flacons scintille joyeusement à la lueur des flambeaux.

Le fond de la pièce est réservé à l'orchestre

qui se compose d'une chanteuse pinçant de la darboukha, d'un violon et de deux tambourins.

Le rabbin, un vénérable vieillard à longue barbe blanche, préside la cérémonie et en face de lui, sur un divan plus élevé, les mariés sont assis. La jeune femme est admirablement jolie dans son costume oriental tout en soie rouge cerise brodée d'or ; ses beaux cheveux noirs sont retenus sur le sommet de la tête par de longues épingles garnies de perles fines et son pied joue avec une babouche rouge qui serait la rivale de la pantoufle de Cendrillon, tandis que sa main mignonne se perd dans la blonde chevelure d'une fillette étendue auprès d'elle : sa jeune sœur sans doute. Quant au marié c'est une autre affaire ; le digne garçon, gros, replet et légèrement endormi dans son complet gris perle n'a absolument rien de poétique ni d'oriental. Il tortille machinalement la chaîne de sa montre, un gros câble de commis voyageur, se penchant à de rares intervalles pour s'acquitter,........ je l'espère, de ses fonctions d'amoureux envers sa ravissante conquête........ ou peut-être, en regardant l'heure, pour lui insinuer qu'il souffre sérieusement de la longueur de cette cérémonie. Et cela n'a rien qui puisse étonner si l'on considère que voilà quatre jours que durent les épousailles et qu'elles doivent selon l'usage se prolonger encore jusqu'au soir du septième.

Avis à vous jeunes gens des nouvelles générations qui trouvez fastidieux un simple déjeuner de noce, et vous hâtez au dessert de courir prendre le train, tenant un maigre compte des amis, des parents venus des quatre coins de la terre pour fêter ce beau jour avec vous !

Le marié, nous dit notre guide, est employé des contributions, sa fiancée est la fille d'un riche marchand de soie de Biskra.

L'assistance demeure à peu près muette tandis que la chanteuse défile d'une voix traînante le chapelet de sa plaintive mélopée ; les tambourins et le violon lui donnent la réplique ou bien l'accompagnent. Le caractère religieux domine dans cette cérémonie. De temps en temps le rabbin se lève et s'approche des fiancés auxquels il marmotte quelque prière...... ou quelque lieu-commun...... j'ignore en somme de quoi il s'agit.

Au fond, tout cela n'a rien de très gai et l'on se croirait aussi bien à un enterrement si l'on n'avait sous les yeux la preuve indéniable que les intéressés, malgré l'assoupissement graduel du complet gris, n'ont encore aucune envie d'en arriver à cette extrémité fâcheuse. On nous offre des gâteaux et des fruits, du vin de palmier, puis comme la fête menace de s'éterniser mes compagnons finissent par lever le siège.

Avant de sortir, nous allons tous saluer la jolie mariée et serrer la main à son époux. Je crois devoir remercier ce dernier de sa gracieuse hospitalité et lui offrir mes vœux de bonheur pour lui et sa charmante compagne : « A votre service ! » me répond-il en bâillant. J'avoue que cette offre m'a quelque peu saisi....... Le digne employé des contributions n'avait sans doute en vue que les gâteaux et le vin de palmier qu'il nous avait si aimablement offerts.

27 Mars.

A huit heures précises, notre petite bande renforcée de la lune de miel est à cheval ou à dos de mulet. Le programme arrêté est de pousser à travers le désert jusqu'à l'oasis d'Oumach dont le cheikh doit nous offrir l'hospitalité. Nous avons opté pour cette excursion de préférence à Sidi-Okba parce qu'elle est passablement plus courte. Mais hélas ! le sirocco soufle avec violence, entraînant dans sa course rapide des nuages de sable au-dessus desquels le ciel paraît d'un gris sale et le soleil semble avoir la jaunisse.

Quelque mauvaise que soit l'apparence du temps, notre cavalcade s'ébranle ; elle ne manque pas du reste d'originalité. Raoul est campé comme un magister sur un excellent mulet, bête sans malice, au trot doux et régulier. Pierre et Philbull ont escaladé deux grands carcans à la figure honnête, deux véritables moulins à poivre sous leurs selles arabes. Mme X*** s'est très gaillardement installée sur un mulet plein de verve et d'ambition ; on n'en saurait dire autant de son mari ni de sa monture, le cavalier paraissant aussi peu rassuré que possible sur un cheval qui n'a nullement l'allure d'une bête disposée à s'emballer. Quant à moi, je suis monté sur un arabe noir du goum de Biskra qui danse comme un jeune chevreau, envoyant de temps en temps quelques ruades aux voisins. Mon superbe casque en profite pour aller par-ci par-là faire une visite aux jardins qui bordent la route.

A notre sortie de l'oasis, un vent impétueux nous brûle la figure, chassant devant lui des tourbillons énormes de sable qui parfois nous aveuglent littéralement. Nous avançons quand même. Rien n'est curieux comme le désert, car c'est bien lui, vu sous cet aspect peu enchanteur assurément mais à tout prendre original.

Par moments, nous sommes complètement enveloppés dans un nuage de sable si ténu qu'il nous entre dans le nez, les yeux et les poumons et nous rend blancs en quelques secondes.

Une oasis émerge parfois de ce brouillard ou bien c'est un chameau que conduit un Arabe la tête soigneusement enveloppée dans son burnous. Lorsque la rafale diminue de violence et nous aveugle moins nous reprenons le trot.

Au loin, sur la surface unie du sol, roulent des nuages de sable pareils à ceux que nous avons rencontrés, les palmiers ploient à se rompre à leur approche et bientôt disparaissent complètement sous l'avalanche.

Décidément, cela prend une mauvaise tournure, et puis, ne voilà-t-il pas que le cheval de ce pauvre M. X*** resté à deux cents mètres en arrière, refuse obstinément d'avancer. Au même moment la selle de Mme X*** tourne subitement et la pauvre amazone, suivant l'impulsion se retrouve en un clin-d'œil sous le ventre de son mulet, tellement empêtrée dans sa robe que l'on ne distingue plus qu'un fouillis d'étoffes agitées par le vent. J'accours au grand trot du mulet de Raoul que j'ai troqué contre mon arabe, afin d'obvier aux incartades d'un casque trop étroit, mais au même moment ma propre selle passe sur le cou de ma bête,

Enfin les avaries réparées on se remet en marche. L'ouragan va de mal en pis. « Simoun ! » nous dit le guide. — « Combien nous faut-il de temps pour arriver à Oumach ? »— Encore trois heures ! » Or en voilà deux que nous sommes en route………… on tient conseil……….. il n'y a plus à hésiter, il faut renoncer à notre excursion, la prudence nous y oblige, quoi qu'en semble dire notre cornac qui ne voit là rien de plus clair que de prolonger la petite fête. Il est utile d'ajouter qu'il palpe ses arrhes à l'heure.

Nous ne verrions d'ailleurs rien à Oumach avec un temps pareil, et puisque nous avons nos provisions dans les sacs attachés à la selle du guide, mieux vaut gagner une oasis plus proche de Biskra.

A une heure de l'endroit où nous sommes, se trouve précisément la petite oasis de Bab-el-Krokhra. Jamais les étrangers ne la visitent, car elle n'offre rien de bien curieux, nous dit notre arabe ; nous décidons d'y faire relâche.

A force de rouer de coups la monture de ce pauvre M. X……, la caravane arrive entière aux premiers palmiers de l'oasis. — Renseignements pris, le cheikh est absent ; il est parti pour la ville, Biskra s'entend. Nous sommes toutefois reçus avec cordialité par les habitants qui nous conduisent dans un jardin bien abrité du vent, et nous étendent leurs plus belles nattes au pied de superbes palmiers et de figuiers touffus.

Nous respirons enfin sans avaler du sable à en étouffer, et sortant nos provisions de leurs sacs, nous nous mettons en demeure de faire ample connaissance avec un estimable gigot, des conserves et un gigantesque fromage de gruyère que la course dans le désert n'a pas trop maltraités.

Une femme arabe assez jolie vraiment, vient nous offrir des œufs frais et du lait de chèvre; elle nous montre en souriant deux magnifiques rangées de dents blanches. Petit à petit, nous avons sur le dos toute la tribu. Les parents se retirent par discrétion à quelque distance après nous avoir fait tous leurs sala-malekoums, les enfants, au contraire, ne peuvent se décider à s'écarter de gens aussi extraordinaires.

Il y a là une fillette de huit ou neuf ans, adorable et délicieusement coquette dans ses loques rouges et bleues que retiennent tout juste de grossières agrafes en argent.

Les garçons sont à peine vêtus.......... quand ils ne sont pas tout à fait nus. Beaucoup d'entre les petites filles ont les oreilles percées à quatre ou cinq endroits différents et surchargées du haut en bas de boucles de fer agrémentées de terre durcie ou d'un caillou poli. Le jour où elles se marieront, leurs époux remplaceront ces pendants d'oreille par des bijoux en argent et même en or si leurs moyens le leur permettent.

A quatorze ans les femmes sont mariées et paraissent en avoir vingt ou vingt-cinq. Passé la trentaine on jurerait qu'elles ont soixante printemps. A cela, quoi d'étonnant, si l'on se rappelle que dans le ménage arabe la femme est traitée comme une esclave et souvent pis encore.

Voici une vieille ratatinée qui vient aussi nous souhaiter la bienvenue; on dirait une atroce sorcière qui veut nous jeter un sort. C'est la mère du cheikh, paraît-il. Je ne puis m'empêcher de songer que la bonne dame fera bien de ne pas se risquer trop loin avec ce vent-là, sous peine de se faire enlever par le simoun. Tout ce monde est un peu mendiant, aussi commençons-nous à éprouver le désir de battre en retraite.

Notre repas d'ailleurs est terminé, nous remercions nos hôtes en arrosant les enfants de menue monnaie et nos bêtes sellées nous reprenons la direction de Biskra.

J'avais bien quelque envie de faire offrir à la vieille mère du cheikh l'os de notre gigot, la pauvre femme me semblant avoir grand besoin de réconfortant, mais Pierre, avec cet appétit qui n'a d'égal que sa bonne humeur l'avait tellement nettoyé que mon attention, détournée de son sens délicat, eut pu faire l'effet d'une allusion de mauvais goût; aussi me contenté-je de lui offrir une boîte de homard conservé qu'elle tourne et retourne d'un air horriblement méfiant.

« Dites-lui qu'il n'y a aucun danger! ça n'éclatera pas! » criai-je à notre guide, mais déjà la caravane a pris le trot, et nous rentrons dans l'ouragan qui, loin de diminuer, semble plus furieux que jamais.

Les yeux en sang, la gorge desséchée, la bouche pleine de sable, nous opérons au bout de deux heures et demie notre rentrée à Biskra, non sans avoir quelque peu erré à l'aventure. Il était temps et il faut l'avouer, au témoignage de gens dignes de foi nous avons eu grande chance de ne pas nous perdre dans le désert.

Quant à pousser jusqu'à Oumach, c'était une imprudence insigne, notre guide ne serait jamais parvenu à nous y faire arriver, où tout au moins n'eussions nous pu en revenir que demain soir; ce résultat eût fait à n'en pas douter le bonheur de sa bourse,..... mais nullement le nôtre.

C'est effrayant en effet de voir tourbillonner ces masses de sable et je me demande ce que ce doit être que le simoun rencontrant en plein Sahara une caravane sans abri. Sur cet océan de sable la tempête, comme les flots d'une mer affolée, engloutit les voyageurs et un jour une rafale nouvelle exhume en passant les hommes et les chameaux qui dorment là depuis des semaines et des mois.

Voit-on la physionomie de Philbull et de ce pauvre Pierre se réveillant d'un pareil sommeil entre Oumach et Biskra!......

L'année dernière un vénérable clergyman avait voulu, par un temps analogue à celui d'aujourd'hui, pousser malgré tous les conseils jusqu'à Sidi-Okba avec son guide.

« Il y a grand danger, lui avait dit le propriétaire de l'hôtel, le simoun souffle violemment dans le désert. »

« Aoh! » avait été sa seule réponse.

Le guide, à peine hors de l'oasis lui avait montré au loin les gros nuages de sable roulant sur le sol:

« Aoh! » avait-il répété en avançant toujours.

Il n'a mis du reste que deux jours pour s'y rendre et un jour pour en revenir, encore a-t-il dû passer une nuit perdu dans l'ouragan, assis sur le sol, en tête-à-tête avec son cornac. Il s'en souviendra probablement longtemps. Aoh !!

Dire qu'à peine rentrés nous dûmes nous changer de la tête aux pieds me semble inutile. J'aurais voulu pouvoir me plonger dans une baignoire.

CHAPITRE XVI

Un marabout qui n'aime pas le bronze. — Se fendre sur un dégagement ! — Le Paradis pour cinquante centimes. — Nuit d'orage dans le Zab. — Le clou de Biskra. — La première étape du retour. — Quand on a du linge de trop. — L'oasis d'El-Kantara. — Chez le cheikh Belkassem-ben-Bellil. — Le harem du cheikh. — Une beauté arabe. — La favorite. — Le musée du cheik. — Chagrin d'amour. — La dernière demeure des enfants du Prophète. — Le buste de Marianne par... — L'Aurès. — Le Kouss-koussou d'Ahmed-ben-Larbi.

vant le dîner, nous voulons faire un dernier tour dans Biskra que nous devons quitter le lendemain de bonne heure.

Nous voyons des ruines turques sans intérêt d'ailleurs, et nous repassons par le marché afin d'y compléter nos emplettes.

Au moment où nous allions reprendre la route de l'hôtel, un étrange personnage vêtu d'une gandoura verte et drapé dans un burnous noir et blanc s'avance vers nous d'un pas automatique, frappant le sol du manche de sa longue lance. Sa tête, complètement rasée, ne conserve qu'une touffe de cheveux plantée au sommet du crâne ; ses doigts sont chargés de bagues et de lourds colliers retombent sur sa poitrine. Arrivé près de nous il commence avec volubilité une série de signes mystérieux dans lesquels je crois démêler que la moindre obole lui irait au cœur.

Le regard du pauvre diable est tellement vague, sa tenue et ses gestes sont si singuliers, les cris rauques qui lui échappent ont quelque chose de si sauvage que je me retourne vers Ahmed-ben-Larbi qui nous accompagne, afin d'obtenir l'explication de cette pantomime :

« C'est un marabout, me dit-il, et ce qu'il veut, c'est un présent qui rejaillira en trésors sur les tiens et sur toi ! »

Pierre touché de l'état du pauvre diable s'empresse de lui tendre deux sous ; mais le saint homme irrité les lui jette à la figure en croisant sa lance dans ma direction. J'appelle à mon secours tout ce qui me reste de principes d'escrime ; de ma canne de voyage, je bats le fer menaçant, et me fendant comme l'éclair je plante par un dégagement rapide un léger coup de bouton sur l'estomac du marabout............... le coup d'avertissement! Le pauvre bonhomme paraît plus surpris que mécontent et Ahmed nous explique qu'il n'accepte que les pièces blanches d'un franc minimum. C'est un saint de trop haute volée pour recevoir la monnaie de cuivre.

« Dis-lui qu'il est trop gourmand, et qu'il passe son chemin ! »

Mais le singulier personnage s'attache à nos chausses et prenant notre guide par le bras le force à me transmettre ses paroles. Il en résulte que je suis l'élu, le bien-aimé de Mohammed! et que finalement je dois lui verser une pièce de cinquante centimes sans plus tarder. (Il veut bien transiger pour cette somme.) C'est de moi seul qu'il consent à accepter un don parce qu'il sait que le bien-aimé du Prophète ira un jour au ciel! En présence de semblables arguments je m'exécute............ en souhaitant que le farceur dise vrai. Le paradis pour cinquante centimes, Mahomet a vraiment des prix doux et j'estime qu'il se trouvera pas mal de gens qui emploieront ce moyen d'une facilité enfantine sinon d'une certitude parfaite.

Quelques-uns de mes compagnons veulent lui

payer leur tribut à leur tour mais....... il s'y refuse dédaigneusement. Puis me baisant les mains avec reconnaissance, il murmure les yeux au ciel une ardente prière.— « Ahmed, mon garçon! dites à ce brave homme, que l'élu, le bien-aimé de Mohammed lui donne sa bénédiction, si c'est là ce qu'il désire en me léchant ainsi ! »

J'étends la main vers l'unique touffe qui couronne le crâne du marabout, et je lui octroie généreusement cette nouvelle grâce, laissant à notre guide le soin de lui expliquer la faveur insigne dont il vient d'être l'objet . . . .
. . . .

J'écris une partie de la soirée, tandis que le simoun fait rage au dehors. Le sable s'infiltre sous la porte et par toutes les jointures de la fenêtre quelque hermétiquement qu'elles soient fermées.

Raoul a passé quelques heures au cercle des officiers qui l'ont fort aimablement accueilli, et voyant de la lumière en passant devant ma porte il entre faire un petit bout de causette. De l'avis de tous ceux qu'il vient de quitter, notre farceur de guide nous a fait courir un danger réel en tentant de nous conduire jusqu'à Oumach par un temps semblable, et nous avons été bien inspirés en nous opposant à poursuivre notre route.

En admettant que nous fussions arrivés à Oumach il nous aurait certainement fallu y coucher.

La nuit est épouvantable ; j'entends craquer les arbres du jardin sous ma fenêtre, mais la fatigue est là pour me fermer les yeux. Je m'endors en rêvant de caravanes englouties sous le sable du désert, de selles passant sous le ventre ou sur le cou de mon mulet, de l'oasis de Bab-el-Krokhra, du brave marabout et du paradis de Mohammed dans lequel m'attendent des coursiers rapides, des parfums enivrants, des houris aux yeux noirs et des voluptés de toutes sortes... ce que c'est que cinquante centimes bien placés !

28 Mars.

La nuit a été bien mauvaise. Un magnifique cédrat qui ombrageait la fenêtre de mes amis a été rompu en deux par l'ouragan, leurs vitres ont été brisées ; nos chambres comme tout l'hôtel sont remplies de sable. Chaque pays en ce bas monde possède sa part de tristesse et d'épreuves ; ici le sable ; là, glace ou neige. Rares sont les coins de terre qui peuvent se vanter de posséder un printemps éternel ; Et même ce ciel toujours bleu, ces arbres toujours verts ne sommes-nous point las parfois de leur sérénité, de leur fraîcheur ?

Nous allons quitter Biskra ; notre attelage piaffe à la porte de l'hôtel. Raoul, que rien ne rappelle en France ni ne presse, compte rester ici sept ou huit jours encore. Son intention est d'aller chasser la gazelle à quelques lieues dans le sud, vers la région des Chotts. Nous nous séparons donc de lui, légèrement envieux de son sort, et lui prédisant qu'un séjour aussi prolongé lui donnera certainement le *clou de Biskra*.

On nous avait tant parlé de ce fameux *clou* qu'en somme nous avions fini par n'y pas croire. Son existence n'est malheureusement que trop certaine, et la plupart des Européens qui ont séjourné à Biskra quelques mois, sans parler des indigènes, en ont fait à leurs dépens la pénible expérience. Ce clou est une espèce de furoncle formidable qui vous vient n'importe où, vous dure fort longtemps et vous fait beaucoup souffrir. On le dit provoqué par l'eau de Biskra. Quoiqu'il en soit il existe et laisse des traces très visibles, ainsi que nous avons pu en juger sur plusieurs individus et en particulier d'après les bras et les jambes de quelques Oulad-naïls.

Il est sept heures et demie, le brave Isérois fait impatiemment claquer son fouet. Notre note (très modeste ma foi, je le dis à la louange de M. l'hôtelier) est payée; nous reprenons possession du célèbre breack de Célestin et nous voici bientôt hors de l'oasis.

Le vent est à peu près tombé, mais l'air est encore tout chargé de cette poussière de sable si fine, si légère qu'elle fait corps avec lui. Au bout de quelques instants nous voici à nouveau blancs comme des meuniers. Nous comprenons mieux depuis hier l'utilité du burnous et de son capuchon, car tous les Arabes que nous croisons ont la figure cachée dans ce dernier. Les trop célèbres Touaregs sont généralement voilés de noir; il n'y a pas en effet de vue capable de résister aux brûlantes atteintes du simoun, et ces précautions sont indispensables.

Du haut du col de Sfa, c'est en vain que nos regards se portent dans la direction de Biskra pour lui jeter un dernier adieu; l'atmosphère est comme troublée par un épais brouillard qui nous cache la reine des Ziban.

A onze heures et demie nous déjeunons à El-Outaia aux rayons de la lune de miel partie en même temps que nous. En passant devant le fil télégraphique relié par nous l'autre jour, nous sommes heureux de constater qu'il a été déjà reposé.

La route se fait comme à l'aller, roulant et bourlinguant, s'il m'est permis de me servir de ces expressions toutes maritimes, mais on ne peut plus de circonstance. Par moments nos roues entrent jusqu'à l'essieu dans le sable et nous descendons du breack pour le dégager.

Quelques voituriers que nous avons rencontrés embourbés l'avant-veille sont toujours là près de leur véhicule lourdement chargé, attendant pleins de résignation des temps meilleurs pour repartir. J'estime que la situation ne doit rien avoir de gai pour eux, si surtout comme nous le dit notre Isérois, il n'est pas rare qu'ils aient à patienter ainsi pendant huit ou dix jours avant de pouvoir se désembourber.

Le sable poussé dans tous les sens par le simoun a détruit tout vestige de piste, et certains marabouts que nous avons remarqués à l'aller ont presque entièrement disparu sous l'avalanche saharienne. Par ici les marabouts sont purement et simplement soit un bouquet d'arbustes, soit un maigre buisson, isolés dans le désert. Chaque arabe en passant y accroche un morceau de son burnous ou de son.... linge intime.... s'il en possède. Il est ainsi certain d'obtenir la protection du saint qui dort là de l'éternel sommeil.

A quatre heures et demie nous sommes à El-Kantara.

Le temps est devenu superbe, et après avoir déposé nos bagages à l'hôtel Bernard, nous rejoignons Ahmed-ben-Larbi tout heureux et fier de nous faire les honneurs de son oasis.

El-Kantara! Il est difficile de voir en Algérie un site aussi pittoresque décoré d'un plus joli nom. Certes Biskra, par sa situation en plein désert de sable frappe étrangement l'imagination du voyageur, mais peut-elle rivaliser avec cette gorge sauvage, avec ces hautes murailles de rochers inaccessibles sur lesquelles le soleil a comme laissé la trace empourprée de ses rayons. Quelle oasis voit ses gracieux palmiers encadrés dans un pareil décor et respire mieux la délicieuse fraîcheur d'un torrent qui bondit de roc en roc pour se perdre au milieu des lauriers-roses, des dattiers et des caroubiers.

La figure d'Ahmed s'est illuminée et ses belles dents blanches donnent une expression charmante à son sourire. Il est heureux de voir notre admiration pour ce coin de terre où il est né, et nous pilote à travers les ruelles et les jardins, répondant avec empressement et réserve tout à la fois aux nombreuses questions que je lui pose.

Ainsi que je l'ai dit plus haut, Ahmed-ben-

Larbi est le propre neveu de Sidi Belkassem-ben-Bellil, cheikh d'El-Kantara, nous ne pouvons donc être en meilleures mains.

Après avoir parcouru toute la partie de l'oasis qu'inondent mille frais canaux donnant la vie aux palmiers, aux figuiers, aux vignes et aux fleurs des jardins, nous revenons vers le village proprement dit. Nous visitons d'abord une mosquée, misérable maison en tob, dans laquelle nous remarquons quelques pierres sculptées et couvertes d'inscriptions romaines, d'ailleurs un des piliers qui soutiennent la voûte est un fût de colonne arraché aux ruines de quelque temple ancien des environs.

Ahmed nous offre ensuite de nous faire voir la demeure du cheikh, ce que nous acceptons sans nous faire prier. Malheureusement, nous dit-il, Sidi Belkassem est en voyage à Batna pour quelques jours, et aura le regret de ne pouvoir nous donner lui-même l'hospitalité qu'il offre généreusement à tous les voyageurs européens.

Nous pénétrons dans la maison du cheikh ou plutôt dans la partie officielle de la demeure, c'est celle où les hommes et le public en général sont admis. La bâtisse n'a rien de luxueux, loin de là, mais elle est assez spacieuse. Dans une petite cour d'entrée, deux domestiques tressent des ceintures de laine. La première pièce est vaste, dans les murailles blanchies sont creusées des alcôves formant lits ou divans; en guise de coussins moelleux, l'argile nue. Les domestiques quittant leur ouvrage se précipitent pour nous y installer des nattes ; nous nous y étendons tandis qu'Ahmed nous apporte sur un grand plat des dattes et des oranges.

Le mobilier que je passe rapidement en revue est des moins compliqués : une chaise en paille placée devant une petite table en bois......, et c'est tout ! Sur la table un encrier et une feuille de papier à demi couverte d'une écriture arabe fine et régulière, c'est que le cheikh est un savant relativement, cela va de soi. Puis c'est aussi le Rothschild de l'endroit........ il possède........ ô merveille......... un coffre-fort......... et de l'argent dedans. C'est là une telle dérogation aux us et coutumes de ses compatriotes que l'on en parle à vingt lieues à la ronde. En général les indigènes possesseurs de quelques francs s'empressent de les enfouir...... afin de se donner la flatteuse satisfaction de posséder, eux aussi, leur petit trésor.

Le trésor joue en effet un rôle considérable dans l'imagination des orientaux; ils en voient partout. Une ruine s'élève-t-elle quelque part, vite on la dépèce, on la fouille avec cette idée fixe qu'elle recèle des merveilles, seulement comme nos piocheurs sont doués d'une paresse au moins égale à leur cupidité, la fouille ne va jamais bien profondément.

Sidi Belkassem est de plus l'heureux propriétaire de 700 palmiers dont le rendement moyen est d'environ vingt à vingt-cinq francs par arbre et par année, de quelques arpents de terre plantés d'orge, de bestiaux bien portants, et de deux bons chevaux.

En revanche........ et peut-être même, comme cause principale de sa richesse, il ne s'est jamais offert les douceurs d'un harem bien considérable. Ses femmes sont au nombre de deux « *Numero Deus impare gaudet.* » Je traduis librement pour Sidi Belkassem et sa famille. « Le nombre deux se réjouit d'être en paire » Horrible ! n'est-ce pas ?

Notre guide malgré l'absence du maître de céans nous offre d'aller rendre visite à sa famille. C'est là une insigne faveur dont nous savons apprécier l'importance, les arabes étant très jaloux et peu disposés à montrer leurs femmes. Règle générale d'ailleurs, les hommes ne pénètrent pas dans la partie des habitations réservée au beau sexe.

Tandis que nous visitons l'écurie, le jeune Ali, fils aîné de Sidi Belkassem, moutard de six ou sept ans, haut comme ma canne et drapé avec une gravité comique dans son petit burnous brun part en courrier pour prévenir sa mère.

Le quartier réservé aux femmes se trouve dans une autre rue à quelque trois minutes d'ici.

Dans la pièce qui forme antichambre une servante est occupée à broyer du grain au moyen d'une meule en pierre pour la préparation du kouss-koussou. Puis sous un hangar couvert nous trouvons quatre ou cinq femmes tissant des vêtements sur de grands métiers, entourées d'une ribambelle de moutards. Je renonce à peindre l'étonnement qui se lit dans tous les yeux à notre entrée. Mme X*** surtout semble exciter la curiosité générale.

Deux belles filles de seize à dix-neuf ans s'avancent vers Ahmed-ben-Larbi ; la plus jeune est remarquablement belle, c'est le type arabe dans tout ce que l'on peut imaginer de plus pur et de plus fin. L'autre serait presque aussi jolie sans les marques d'ailleurs légères laissées par la petite vérole sur son visage.

« Quelles sont ces deux belles filles ? » demandons-nous à notre guide. « Celle-ci, nous répond Ahmed en désignant la première, c'est Aïcha, la fille aînée du cheikh, celle-là est sa cousine. »

Leur costume n'a rien de bien compliqué; une simple tunique rouge et bleue retenue aux épaules par des agrafes d'argent. Pierre et Philbull sont en extase devant Mlle Aïcha ; sa réserve et sa dignité donnent quelque chose d'étrange à sa beauté...... le cheikh est heureusement absent, sans cela je ne répondrais pas qu'ils ne lui demandassent en commun la main de sa fille ; et de fait, je crois qu'elle ne manquerait pas de produire un certain effet à leur retour au bercail.

Toutes deux saisissent les bras de notre compagne de voyage, afin d'examiner ses bracelets et ses bagues. Autour de nous c'est un brouhaha de mioches grands et petits, voire même de chiens kabyles qui sans l'intervention d'Ahmed nous feraient un mauvais parti, à en juger par leurs grognements et l'exhibition de certaines longues dents blanches. Ces chiens, excellents gardiens sont généralement fort dangereux et le seul procédé qu'emploient les indigènes pour les écarter est de se pencher vers le sol afin de saisir ou faire semblant de saisir une pierre. La recette est infaillible ! Le cerbère s'enfuit la queue entre les jambes.

La pièce voisine est l'appartement privé du cheikh. Sa favorite, une femme de trente ans environ, qui a dû être belle, y est occupée au moment où nous entrons à tisser un burnous de soie. Aussitôt qu'elle nous aperçoit, elle se lève et vient à nous pour nous souhaiter la bienvenue; puis elle court chercher un plat de dattes qu'elle nous présente.

Comme bien l'on pense la conversation n'a rien de très animé, aussi avons-nous le loisir de passer le local en revue.

Eh mais! qu'ai-je vu dans ce coin près de la porte ?............ une baignoire! remplie d'ustensiles de toute espèce, et.......... un lit portatif en fer replié contre le mur. Du doigt je désigne ces objets à mes amis. Ahmed s'empresse de m'apprendre que ce sont là des cadeaux que Sidi Belkassem a reçus de Constantine en présent et qu'il conserve à titre de curiosités.

A en juger par l'épaisse couche de poussière qui les couvrait, je pensais bien qu'il n'y avait nullement là manifestation d'un goût de confort chez le noble cheikh, mais j'avoue que l'idée ne m'était pas venue au premier abord que son intention pouvait être d'ériger lit et baignoire en antiquités.

Nous quittons le musée du cheikh, non sans avoir remercié de notre plus aimable « Beslema » Madame Belkassem-ben-Bellil numéro un et comblé de gros sous l'innombrable progéniture de son seigneur et maître.

« Pourquoi ne prendrais-tu pas ta cousine Aïcha pour femme ? c'est une ravissante fille dis-je à notre guide. Ahmed baisse la tête avec un soupir que dissimule mal son beau sourire. — « Impossible ! dit-il, Ahmed trop pauvre pour l'acheter ! » « Elle est donc bien chère ? » — « Oh ! oui, trop chère pour moi Aïcha bien jolie............ son père riche....... puissant chef ! » — « Raison de plus, il n'a pas besoin d'argent, il te la donnera à meilleur marché !.......... » Ahmed a détourné les yeux........ et je me suis tû.......... ai-je sans le vouloir pénétré son secret ?........ « Chagrin d'amour dure toute la vie........ » fredonnais-je en nous éloignant du logis de la charmante Aïcha.

L'heure s'avance et à travers le village arabe nous regagnons le torrent sur la rive gauche duquel s'étend le cimetière. Il faut être prévenu qu'ici reposent de père en fils les enfants du Prophète, sans quoi le voyageur passerait sans jeter un regard. Les tombes y sont en effet d'une simplicité absolue et je n'ai pas remarqué qu'il y eût de distinction pour le rang et pour la richesse de ceux qui y sont à jamais endormis. Fichés dans la terre nue deux gros galets ronds pour les hommes, trois pour les femmes...

et voilà tout ! Pourquoi trois pour les femmes ? les mauvaises langues répondront peut-être qu'il n'y a là qu'un surcroît de précaution. Si elles allaient revenir !!! O galanterie arabe ! A défaut de fleurs et d'inscriptions funéraires, les eaux limpides de l'oued Kantara bercent les trépassés de leur doux murmure.

La route dont j'ai parlé et qui borde le torrent a été taillée par nos soldats dans le roc de la montagne. Sur le flanc droit de cette dernière un rocher s'est détaché qui donne la fantastique illusion d'un buste frappant de ressemblance avec la chaste Marianne tel qu'on en a usé et abusé depuis l'adoption du bonnet phrygien dans notre belle France en guise de diadème ! Est-ce une adulation de la nature envers la démocratique beauté ?

Je me hâte de faire remarquer ce phénomène à Pierre ; nous nous imaginons avoir opéré une découverte......... mais il paraît que bien d'autres avant nous l'avaient faite. « A quoi tiennent donc en ce monde les trouvailles les plus remarquables, depuis l'invention de l'ophicléïde par Tubal-Caïn jusqu'à celle du moderne phonographe », s'écrie le pauvre cousin !

Le soleil va disparaître à l'horizon et nous nous retournons une dernière fois vers la trouée d'El-Kantara......... pour graver dans notre mémoire cette merveilleuse échappée sur les palmiers de l'oasis qui brillent comme des émeraudes sur le fond rougi des premiers contreforts de l'Aurès. C'est un tableau féerique et nous avons peine à nous y arracher.

« Là-bas, nous dit Ahmed, en étendant le bras vers l'Aurès, il y a derrière ces montagnes, des milliers de kabyles, leurs femmes sont jolies comme l'aurore.... si vous voulez rester je vous y mènerai avec des mulets, vous y verrez de belles oasis et des villages perchés comme des nids d'aigle sur la crête des rochers; les kabyles y vivent en sûreté depuis de longues années, sans crainte des incursions de tribus pillardes, on ne peut atteindre leurs villages qu'au moyen d'échelles de corde qu'ils retirent ou laissent pendre à volonté ! »

Nous aurions bien voulu certes consacrer une semaine ou deux à semblable excursion dans un pays très peu connu encore, mais l'heure du retour n'est pas loin de sonner, et il nous faut y renoncer.

Philbull accourt au-devant de nous et nous prévient que la soupe fume à notre intention sur la table de l'hôtel Bertrand.

Ahmed-ben-Larbi nous apporte un de ses

poulets mollement étendu sur une couche épaisse de kouss-kouss et quelques couffins de dattes d'El-Kantara. J'avoue que le fameux plat arabe nous laisse froids..... quant aux dattes nous les rapporterons en France.

En attendant, nous nous mettons en devoir d'oublier les fatigues du chemin sur les matelas de M. et Mme Bertrand.

CHAPITRE XVII

Notice sur le Sahara algérien. — Projet de mer intérieure. — Puits artésiens et leur influence sur la conquête française. — Zabites et M'zabites. — Le repas d'un vautour. — Célestin lui-même! — Mon grand-oncle le saura! En wagon. — Changement d'itinéraire. — Nous ne verrons pas Tunis et nous n'irons pas pleurer sur les ruines de Carthage.

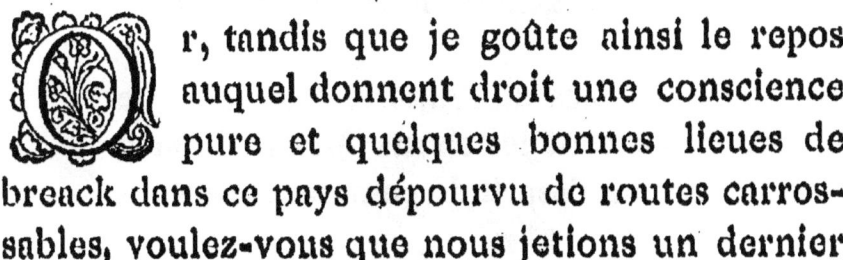

Or, tandis que je goûte ainsi le repos auquel donnent droit une conscience pure et quelques bonnes lieues de break dans ce pays dépourvu de routes carrossables, voulez-vous que nous jetions un dernier regard sur ce désert que nous allons quitter et que nous étudiions ensemble bien succinctement, mes chers lecteurs, pour ne pas lasser votre patience, cette partie si curieuse de notre colonie africaine?

Nous parlerons d'abord du pays en lui-même, puis nous dirons un mot de ses habitants.

Le Sahara algérien passe à juste titre pour une fournaise ardente, offrant au voyageur l'image de la désolation la plus affreuse, et cependant il donne la vie à une population d'une importance considérable. C'est qu'en effet partout où la nappe d'eau qui coule sous son sol brûlant a pu être partiellement amenée à sa surface, le sable aride a produit des merveilles, et les oasis verdoyantes ont surgi comme sous la baguette d'une bonne fée.

Le Sahara compte de nombreux lacs salés d'une grande étendue; quelques-uns sont alimentés par des rivières d'un débit assez considérable. Ces cours d'eau ne sont à proprement parler que des torrents formés par les pluies d'hiver tandis qu'en général leur lit est absolument à sec en été.

Les principaux lacs de l'Algérie orientale que nous parcourons sont les chotts Melrir, Rharsa et Djérid, qui dans l'esprit du commandant Roudaire (1) devaient former les cuvettes principales de la mer intérieure une fois le sol Tunisien abaissé au point de laisser pénétrer les eaux de la Méditerranée.

C'est au nord de ces Chotts et sur le versant méridional de l'Aurès que s'étendent les Ziban, ou autrement dits les oasis du Zab.

A l'ouest les oasis des Ksours et plus au sud le M'zab dont la capitale est Touggourt. Nous aurions bien voulu aussi pousser jusqu'à ce dernier point, mais c'était un voyage d'une quinzaine de jours qu'il nous fallut remettre.......... aux calendes grecques ! je le crains fort.

Il est de tradition dans ces innombrables oasis que jadis les rivières du pays coulaient abondamment ; elles se seraient comblées petit à petit. Quoi qu'il en soit, ainsi que je l'ai dit plus haut, il y a sous le sol une nappe d'eau d'une importance considérable et c'est à elle que nous devrons la véritable conquête du Sahara, grâce au forage des puits artésiens, autant qu'au succès de nos armes et à l'énergique ténacité de nos braves soldats. Nos officiers et nos ingénieurs ont rendu la vie à bien des oasis, et partout où l'on forera ainsi un puits artésien le sol se couvrira de palmiers et de moissons.

(1) Mort tout récemment.

RUE A BISKRA

Il existe à Touggourt en particulier une corporation bien décimée malheureusement aujourd'hui de nègres puisatiers. Ces hommes s'adonnent exclusivement au curage des puits que le sable tend toujours à envahir.

Un ingénieur avec lequel nous avons voyagé de Batna à Constantine, nous a donné d'intéressants détails sur son séjour de plusieurs années dans les oasis du M'zab méridional et à Ouargla. Ces nègres, nous disait-il, meurent en général assez jeunes de la poitrine...... lorsqu'ils ne sont pas morts engloutis, grâce au dangereux et pénible métier qu'ils exercent.

J'ai nommé Ouargla, c'est le point extrême de notre domination officielle vers le sud de l'Algérie orientale, comme El-Goléah est la limite reconnue de notre influence dans la province d'Alger.

Un jour ces vastes solitudes du Sahara seront grâce à l'action bienfaisante de notre civilisation, plus ou moins couvertes de forêts de palmiers, et nous aurons, sans coup férir, gagné à notre cause les populations qui sont les plus voisines du mystérieux Soudan; ce Soudan où français, anglais, allemands, portugais, la vieille Europe en un mot s'efforcent à l'heure actuelle d'ouvrir des débouchés pour un commerce toujours grandissant, commerce pour lequel se ferme de plus en plus le Nouveau-Monde fort de ses propres forces, terrible concurrent lui-même.

C'est à qui pénétrera le premier au cœur de cette Afrique encore inconnue et auquel on attribue des contrées populeuses, une merveilleuse richesse.

Dans ce steeple-chase des nations civilisées, notre France semble avoir les meilleures chances de succès par la situation de ses colonies, et le temps n'est pas loin peut-être où ceux qui nous gouvernent reconnaîtront enfin qu'il eût été moins coûteux, moins dangereux, plus pratique et tout aussi glorieux de consacrer les millions gaspillés et une faible partie du sang versé au Tonkin et à Formose à l'amélioration de l'Algérie, au châtiment des touaregs et à l'ouverture de routes qui doivent nous conduire au Soudan, quelque ardue que soit cette dernière tâche.

Les zabites, plus connus sous le nom de biskris ont déversé vers les villes algériennes le trop plein de leur active population ; ils sont laborieux et leur désir d'amasser un petit pécule afin de revenir riches au pays et d'y doter une femme les entraîne au loin.

Vous les voyez à Alger en qualité de portefaix, canotiers, porteurs d'eau ; les plus lourds fardeaux, les grandes cruches en cuivre rouge remplies d'eau se balancent sur leurs robustes épaules.

La nuit même ils se louent en qualité de gardiens-cerbères, et se couchent en travers de votre porte ou de quelque boutique afin d'en écarter les voleurs.

Leurs voisins les m'zabites ou mozabites se prétendent descendants des Moabites. Quoi qu'il en soit de cette croyance, ils sont en général très blancs, ont les yeux bleus et les cheveux blonds. Leurs traits ont avec ceux des juifs une certaine ressemblance, leur costume est composé du burnous blanc et du haïk. Ils ont la partie inférieure du visage voilée dans le but de se garantir des vents et du sable. En dehors du burnous ils portent la gandoura rayée aux couleurs variées.

Les m'zabites sont schismatiques et n'entrent jamais dans les mosquées. La profession qu'ils exercent avec le plus de succès, à Alger en particulier, est celle de boucher. Un de mes amis en me faisant visiter le marché de Boufarik me disait qu'ils étaient les plus actifs comme aussi les plus riches marchands de viande. Cela s'explique facilement, leur clientèle arabe se contentant aisément de tous les bas morceaux, rien n'est perdu pour eux et ils peuvent payer les plus beaux animaux un prix qui ne serait pas rémunérateur pour leurs concurrents européens. Toutefois, en passant devant leur étal, je n'ai jamais été tenté de marchander leur viande..........

Les m'zabites sont baigneurs, c'est eux qui vous massent si........agréablement dans les bains maures et vous rendent, après un affreux supplice accompagné de leurs chansons traînantes, aussi parfaitement pur que notre premier père à son entrée au paradis terrestre.

D'autres sont meuniers, ou marchands de charbons, vous voyez qu'ils n'ont pas de préjugés.

L'on peut même dire que leur intelligence, leurs aptitudes commerciales les rendent propres à toute espèce de métier et de négoce. Les fruitiers m'zabites dans leur petite échoppe sont une des curiosités de la ville arabe à Alger.

Je bornerai là ma courte étude sur les habitants du sud de notre colonie, laissant de côté les tribus belliqueuses Chambaas, Touaregs, etc. avec lesquelles nos colonnes se trouvent de temps en temps en contact mais auxquelles nos loisirs personnels ne nous laissent pas le temps d'aller présenter nos civilités. Il ne manque pas de bons ouvrages que les voyageurs moins pressés doivent consulter et parmi lesquels je tiens à mentionner celui de P. Gaffarel ; il contient une quantité très suffisante de détails et permet de se faire une idée exacte de notre colonie algérienne, à tous les points de vue. En dehors de semblable ouvrage il faut consulter un guide, celui de Piesse ou celui du colonel anglais Playfair.

29 Mars.

Mais c'est assez....... dormir, et bien qu'il nous ait fallu, grâce à un subit mal de gorge du pauvre Pierre, renoncer à partir de nuit comme nous l'avions projeté, il n'en faut pas moins répondre aux appels réitérés des cochers qui claquent bruyamment à la porte de l'auberge sur le coup de six heures.

Nous avions en effet décidé tout d'abord de quitter El-Kantara vers deux heures et demie du matin et de gagner ainsi le temps nécessaire à la visite que je désirais ardemment rendre aux ruines de Lambessa, mais comme dans la chanson — « il y en avait un qui voulait s'battre et les quat'z'autres qui n'voulaient pas ! » seul de mon avis il me fallut renoncer à saluer les vestiges de cette merveilleuse civilisation romaine, qui touchait de ses rameaux supérieurs les « moors » d'Ecosse, et poussait ses racines jusque dans les sables brûlants de Touggourt.

Le char de Pierre l'Isérois nous entraîne bientôt vers « Baténa ».

Le soleil illumine le paysage de ses joyeux rayons, et le ciel n'a pas un nuage.

Au haut du col des Juifs, un énorme vautour s'est abattu sur une carcasse de chameau encore sanguinolente. La voiture du jeune ménage qui précède la nôtre ne paraît nullement le déranger dans son ignoble repas, nous nous mettons en devoir de le saluer de nos revolvers au passage, mais comme s'il se fut douté de ce dessert inattendu, le carnassier s'enlève à grands coups d'aile vers la montagne et de ses serres crispées au bout de ses pattes pendantes il semble s'efforcer encore d'enlever sa proie.

Nous collationnons en route à Aïn-Touta, assis sur des bottes d'alfa et à une heure nous sommes à Batna.

La première personne qui vient à nous est M. Célestin, le vénérable patron de notre automédon. La bouche en cœur, il se précipite s'informant de notre santé et de notre voyage.

En ma qualité de trésorier payeur ce jour-là (notre ami Philbull tenait ordinairement la caisse) j'arrête froidement le flot de son discours et sans autre préambule je lui déclare : « qu'il nous a indignement exploités nous demandant deux cent cinquante francs pour ces cinq journées dans une horrible carriole. D'ailleurs .... mon grand-oncle qui doit incessamment venir à Batna sera dûment prévenu par moi d'avoir à s'adresser ailleurs pour louer une voiture, étant donné qu'au lieu de payer cinquante francs par jour comme cela nous est imposé, il aura son affaire pour quarante........ comme tout le monde. Sans compter un autre parent éloigné qui d'ici un mois doit aussi se rendre à Biskra avec sa famille ! »

Célestin s'émeut, s'indigne, proteste, geint, se lamente et finalement consent à un rabais de vingt-cinq francs.

C'est un honnête industriel et je vous le recommande ainsi qu'à mon grand-oncle et à mon parent éloigné qui je n'en doute point ne voudront pas s'adresser à un autre loueur que lui. N'est-ce pas ?

En revanche nous octroyons une haute récompense au brave enfant de l'Isère *nomine Petrus*, qui dans la bagarre avait fortement tremblé pour son pourboire. C'était un tort ! presque une injure ! mais je ne lui en veux plus.

C'est aujourd'hui dimanche et la population civile et militaire de Batna encombre les rues.

Dans le train, nous voyageons jusqu'à Constantine avec un ingénieur inspecteur de la ligne et du matériel de la Compagnie, et avec un ancien officier devenu colon à Krenchela.

Le premier nous raconte en détail l'expédition et le massacre de la mission Flatters. Il a été chargé d'élever à Ouargla le monument à la mémoire du colonel et de ses braves compagnons et prétend y avoir vu le frère de l'assassin principal que l'on y attirait afin de mettre la main sur le vrai coupable. Ce qu'il nous dit aussi du forage des puits artésiens nous intéresse vivement.

L'officier en retraite lui, est depuis vingt ans fixé à Krenchela ; la conversation roule sur la colonisation et les questions de culture. Il prétend que faute de débouchés et par suite des prix insuffisamment rémunérateurs, il est obligé de faire manger ses récoltes sur pied par ses bestiaux. J'aime à croire que c'est là un cas isolé.

A Constantine, où nous arrivons à la nuit close, nous trouvons notre courrier qui nous oblige à modifier nos plans de voyage en raccourcissant considérablement l'itinéraire adopté en grand conseil.

Notre projet avait toujours été d'aller par chemin de fer jusqu'à Soukharras pour y coucher, d'y prendre la diligence ou des mulets afin de gagner Ghardimaou tête actuelle de la ligne de Tunis, et le troisième jour de pousser jusqu'à Tunis pour nous embarquer après l'avoir parcouru ainsi que ses environs pendant cinq jours.

Et surtout je rêvais de visiter les derniers vestiges de l'antique Carthage. Il me semblait que j'éprouverais je ne sais quel plaisir à laisser mon imagination se retracer, sur les lieux mêmes, les grands événements qui s'y sont déroulés depuis tant de siècles.

Il me semblait que ces ruines murmureraient encore les soupirs de Didon et d'Enée, qu'elles me rediraient les serments de haine éternelle qu'Annibal enfant déposait contre les Romains au pied des autels. Sur cette baie d'azur j'aurais cru revoir par la pensée la flotte qui volait au secours du plus terrible ennemi de Rome, le vainqueur de la Trebia, du Trasimène et de Cannes ; tout m'y eut parlé de Scipion l'africain, de Marius, de Cléopâtre et d'Antoine, de Saint-Louis enfin....

.... Mais au souvenir de certaine maison blanche perdue dans le lierre et la vigne vierge aux bords lointains de la Manche, mes réminiscences se sont évanouies...... et le sourire aux lèvres, j'ai sacrifié (pour me servir d'une tournure antique) Carthage, Enée, Didon, Annibal et Marius sur l'autel de la piété conjugale et paternelle !

CHAPITRE XVIII

30 mars.

De Constantine à Kroubs. — La vallée du Bou-Hamdan. — Hammam-Meskroutin. — La légende des cavernes. — La prière du soir dans les champs. — Le lac Fetzara. — La fanfare de Bône à ses membres honoraires...... Les membres honoraires à la fanfare de Bône. — Au fond du corridor..... ou les suites d'un banquet philharmonique.

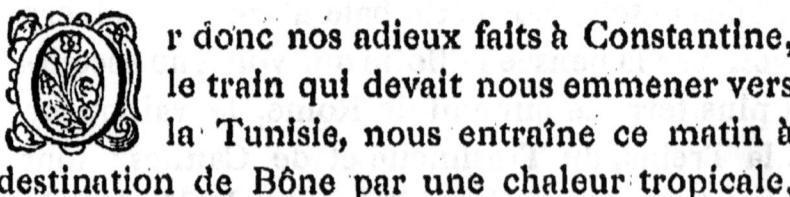r donc nos adieux faits à Constantine, le train qui devait nous emmener vers la Tunisie, nous entraîne ce matin à destination de Bône par une chaleur tropicale.

A l'embranchement de Kroubs, nous changeons de train pour Guelma. Le pays que nous traversons est monotone et nu ; sur les collines ne croissent que de rares arbrisseaux et seules, les tentes des douars Azels lui donnent un peu d'animation.

Quelques lieues après Kroubs, la contrée devient plus fertile et plus intéressante ; la verdure refait son apparition et à la sortie des territoires Amour-Cheragas, c'est l'œil ravi par la sinueuse et verdoyante vallée du Bou-Hamdan que nous nous reposons des montagnes et des plaines arides que nous parcourons depuis quelques jours.

C'est un frais labyrinthe de riantes collines et de montagnes d'une certaine élévation qu'animent de nombreux troupeaux. La rivière roule sur un lit de rochers au pied même de la voie qui serpente avec elle sous les oliviers et les chênes. Au milieu de ces verdoyants massifs nous descendons vers Hamman-Meskroutin (l'*aquæ Tibilitanæ* des Romains).

De la station nous voyons bien la cascade pétrifiée d'un blanc jaunâtre. A Constantine, on nous avait beaucoup engagés à nous arrêter ici deux ou trois jours. C'est qu'en effet en dehors de la localité qui est curieuse et dans un site enchanteur, les environs offrent des buts nombreux de promenade, tels que les grottes de Taia, la nécropole celtique de Roknia, les ruines romaines d'Announa.

Hammam-Meskroutin possède des sources thermales très appréciées par les algériens qui viennent chaque printemps y guérir leurs rhumatismes, leurs névralgies et leurs raideurs articulaires. Il y existe un hôpital militaire. Le sol est comme miné par de nombreuses cavernes ; l'une d'entre elles s'est écroulée il y a quelques années, mettant à jour un lac souterrain ; la grotte ainsi formée est véritablement superbe. Les sources émergent au centre d'un cirque montagneux.

Pendant que le train file sur Guelma voici la légende qui s'y rattache. Je laisse la parole au docteur Hamel :

« Un arabe riche et puissant avait une sœur,
« mais la trouvant trop belle pour la fiancer à
« un autre qu'à lui, il voulut l'épouser malgré
« l'interdiction formelle de la loi musulmane,
« malgré les remontrances et les supplications
« des anciens de la tribu dont il fit rouler les
« têtes devant sa tente. Alors commencèrent les
« fantasias, les danses terminées par un immense
« festin, puis comme le couple allait se retirer,
« les éléments furent bouleversés ; le feu du dé-
« mon sortit de terre, les eaux de leur lit, le
« tonnerre retentit effroyablement ; puis quand
« tout revint au calme......... on retrouva l'arabe
« et sa sœur, les gens de loi, les invités, les dan-
« seuses et les esclaves pétrifiés. »

« Les cônes représentent tous les acteurs de ce

« drame. Si sur certains points le sol résonne
« sous les pieds des chevaux, c'est la musique infer-
« nale de la noce. Si l'une des sources de la cascade
« rejette au dehors des corps ronds ou ovoïdes,
« gros comme de petites dragées, les indigènes ne
« manquent pas de vous dire que ces petits corps,
« pisolithes, formés dans une colonne liquide
« tenant des sels en solution, sont les grains de
« kouss-koussou du repas de noce. Et, ajoutent-
« ils, quand vient la nuit fuyez cet endroit : chaque
« pierre reprend sa forme, la noce recommence,
« les danses continuent et malheur à celui qui se
« laisserait entraîner ; quand le jour reviendrait,
« il augmenterait le nombre des cônes ».

Dans notre compartiment monte un aimable petit ménage anglais en lune de miel aussi, tout comme celui de Biskra.

Bientôt nous atteignons Guelma où l'arrêt du train est assez prolongé. Le pays devient très fertile et bien cultivé ; le Bou-Hamdan a pris désormais le nom de Seybouse. Par-ci par-là de jolies maisons à la française et de gros villages ; on serait tenté de se croire en Europe n'étaient les nombreux cavaliers ou piétons arabes qui sillonnent la campagne, poussant devant eux leur bétail.

Voici le jour qui baisse ; agenouillés au milieu

des champs, les pâtres drapés dans leurs burnous adressent au Prophète la prière des croyants. Ils se prosternent à mainte reprise, leurs têtes frappant le sol, et malgré le roulement du train notre imagination nous fait entendre le sacramentel :
« La illa illah Allah ! Mohammed Rassoul Allah!! »

Tout comme dans nos campagnes lorsque vient le soir et que tinte au loin la cloche du village, nos laboureurs se découvrent et murmurent l'Angelus en se signant.

Voilà des gens qui ont aussi bien besoin du manuel et des préceptes de M. Paul Bert.

Laissant sur notre gauche le lac Fetzara, au fond duquel on a retrouvé en 1857 les ruines importantes d'une ville romaine (*ad Plumbaria* selon toute apparence), nous arrivons vers huit heures et demie à Bône.

Après bien des péripéties et une bataille rangée livrée par les porteurs indigènes aux employés de la gare pour l'obtention de nos bagages, nous finissons par rentrer en possession de notre bien et nous nous faisons conduire en calèche à l'hôtel d'Orient qui nous avait été spécialement recommandé.

Cet hôtel est situé sur le cours National, et c'est je crois le plus confortable de la ville. Toutefois peu s'en fallut que nous n'y trouvions pas de chambres. Il y avait ce soir-là un véritable encombrement.

Cependant je pus croire un instant que nous étions attendus et je remerciais déjà Philbull d'une attention aussi délicate. La fanfare de Bône en effet ébranlait les vitres de l'hôtel de son harmonie métallique : « Arrêtons-nous ici..... l'aspect de ces montagnes, d'ivresse et de bonheur fait tressaillir mon cœur !....... » beuglait le saxhorn de sa voix grave, et le reste des exécutants de reprendre avec toute la vigueur dont étaient capables leurs poumons : « Chants de nos montagnes......, etc., etc. » C'était d'un effet superbe et les notes emportées par le vent du soir s'envolaient vers la mer, enfilant le large cours pour la plus grande joie des populations bariolées qui faisaient cercle.

J'allais saisir la main du cher Philbull dans un élan de reconnaissance, quand la maîtresse de l'hôtel venant nous avertir qu'elle pouvait décidément nous loger nous apprit en quelques mots qu'il s'agissait d'un dîner des membres honoraires de la fanfare bônoise auxquels les disciples de Pan, les membres actifs, servaient l'aubade annuelle.

En passant devant une vaste salle, royalement illuminée, nous voyons briller en effet les crânes dénudés de vénérables citoyens protecteurs du grand art ; de ci, de là, les crinières extravagantes de jeunes praticiens s'agitent fiévreusement sous l'influence des flots d'harmonie et de champagne et bientôt un feu roulant de toasts succède aux : « Chants de nos montagnes !...... etc. »

Notre dîner impatiemment attendu et que le garçon nous annonce ne nous permet pas de prêter davantage l'oreille aux morceaux d'éloquence du Président de l'œuvre. A en juger par les tonnerres d'applaudissements qui l'interrompent à chaque instant c'est une véritable perte pour nous.

Après avoir fait un tour sur le port, histoire de faciliter la digestion, nous rentrons nous coucher.

La fanfare épuisée vient d'en faire autant d'ailleurs et le dernier membre honoraire ayant débité son dernier toast, l'hôtel d'Orient retombe dans le calme et le silence propices au sommeil, et n'étaient les plaintes indiscrètes d'un monsieur, un des fanfaristes honoraires peut-être, au fond du corridor........ je pourrais me croire en pleine solitude saharienne.

J'ai bien verrouillé ma porte et pour cause, l'hôtel est bondé, on m'a donné la chambre d'un voyageur que l'on croit parti pour Guelma jusqu'au lendemain, mais on n'en n'est pas plus sûr que cela. Il n'aurait donc qu'à rentrer, je prends mes précautions.

CHAPITRE XIX

31 mars.

Dernière journée en Algérie. — Notice sur la Bône ancienne et moderne. — Les ruines d'Hippone et la statue de saint Augustin. — Marché indigène. — Le *Mohammed-el-Saddock*. — Adieux aux côtes d'Afrique. — Un affreux sabot. — Prudence et mystère. — Coup-d'œil rétrospectif sur notre colonie algérienne. — Politique coloniale. — Le retour.

oici notre dernière journée sur le sol africain, nous devons nous embarquer ce soir pour Marseille à bord du *Mohammed-el-Saddock*.

Bône est une jolie ville. Située au fond d'un beau golfe aux eaux bleues et entourée de collines verdoyantes que dominent les contreforts extrêmes de l'Edough, elle est aujourd'hui l'un des principaux ports de l'Algérie.

Deux grandes jetées enserrent son avant-port au fond duquel a été ménagé un bassin d'embarquement et de débarquement pour les navires de commerce. Mais ce port intérieur suffit à peine aux besoins croissants de l'exportation, c'est de Bône en effet que s'expédient les plus grandes quantités de minerai de notre colonie.

De plus de nombreuses lignes régulières y font escale.

Construite partie en terrain plat, partie sur une colline baignée par la mer, elle a tout comme ses 23,000 habitants un travers grave aux yeux du touriste, c'est son manque presque absolu de cachet oriental.

Bône ressemble à l'une quelconque de nos jolies villes de province ; l'on peut à peine dire qu'il y ait encore un quartier arabe, tout au plus y rencontre-t-on quelques costumes indigènes (juifs pour la plupart).

Je ne referai pas ici son histoire même succincte. Je rappellerai seulement que sa fondation remonte à une époque très reculée et qu'elle fut la demeure d'un grand saint, d'une des lumières de l'Eglise, j'ai nommé saint Augustin.

En proie aux invasions et aux guerres qui désolèrent le nord de l'Afrique depuis la domination romaine jusqu'à la nôtre, Bône a surtout marqué dans l'histoire par l'étendue de ses relations commerciales avec les Pisans, les Génois, les Florentins, les Espagnols, les Vénitiens et les Marseillais. Bône ou Annaba (ville aux jujubiers) tomba entre nos mains après la prise d'Alger en 1831. Le général Damrémont y pénétra le premier. Elle ne fut toutefois définitivement occupée par nos troupes qu'en mars 1832 et devint jusqu'au second siège de Constantine la capitale de l'est algérien.

Les rues de la ville sont propres et bien tracées, le cours National sur lequel s'élève notre hôtel est bordé de hautes et belles constructions neuves et descend de la colline méridionale jusqu'au port.

La ville au point de vue oriental n'offre, je le répète, vraiment rien d'intéressant.

La mosquée, Djama-el-Bey, devant laquelle nous passons est fermée, elle paraît assez grande et je me demande s'il y aurait dans Bône assez de croyants pour la remplir, en dehors des cigognes qui y font religieusement leurs nids, lorsqu'en jetant les yeux sur mon guide je lis que sur les 23,000 habitants de la ville il y a 6,487 indigènes.

L'après-midi nous prenons une calèche, dont le cocher cherche à nous voler audacieusement, pour faire une excursion aux ruines d'Hippone.

Elles ne sont d'ailleurs distantes de la ville que

de deux kilomètres. La route qui y conduit en pente douce est véritablement charmante sous l'ombrage d'oliviers centenaires. Au milieu de prairies verdoyantes ou de jardins potagers admirablement entretenus s'élèvent des tronçons de colonnes, des pans de murailles qui rappellent le passage des Romains à quelque dix-huit ou dix-neuf siècles du nôtre.

Lentisques, aloès, acanthes, grenadiers, bordent le chemin par lequel viennent ou s'en retournent des arabes avec leurs ânons surchargés de fruits, d'outres remplies d'huile ou de charbon de bois.

C'est entre l'oued Bou-Djema et la Seïbouse que s'élevait Hippone, l'ancienne Ubba, colonie marchande de Carthage. Après avoir été la capitale de Juba, elle devint colonie romaine et le plus opulent marché de l'Afrique avant Carthage elle-même au IVᵉ siècle.

C'est alors aussi qu'elle dût trente cinq années de bonheur à saint Augustin son évêque.

La ville fut détruite par le flot de l'invasion Vandale (1). Seule de tous ses monuments, la cathédrale du saint prélat resta debout et l'on put sauver sa bibliothèque et ses manuscrits. Reprise

(1) Août 431.

un siècle plus tard par Bélisaire, elle tomba en 697 au pouvoir des arabes. Aujourd'hui de tant de gloire et de richesses, le voyageur ne retrouve plus que de nombreux pans de murs et les restes curieux d'un établissement hydraulique.

Ces derniers que nous visitons se composent de réservoirs et d'un aqueduc qui reliait le mont Edough à la ville. Quelle solidité n'a-t-il pas fallu à ces épaisses murailles, à ces voûtes colossales pour résister ainsi aux invasions des barbares et aux intempéries de l'air.

Un peu au-dessus de cette vaste ruine, sur un autel de marbre, l'on a élevé une statuette en bronze à la mémoire de saint Augustin.

La vue dont on jouit de cette colline est charmante ; à gauche l'œil découvre les blanches maisons de Bône ressortant gaiement sur la verdure des hautes montagnes qui la dominent ou sur les flots bleus de la Méditerranée ; à droite le R'arf-el-Antran, mamelon au pied duquel avait été creusé le port d'Hippone et qui vit en 709 détruire la flotte de Metellus Scipion (1) par celle de Publius Sittius (2).

La campagne est ici d'une richesse merveil-

---

(1) M. Scipion partisan de Pompée.
(2) P. Sittius l'un des lieutenants de Jules César.

leuse et c'est un repos pour les yeux après les sables infinis du désert parcouru.

Quelques achats à faire en ville et nos valises à boucler nous obligent à reprendre le chemin de Bône.

Le marché arabe est je crois ce qu'il y a de plus oriental dans cette jolie ville toute européenne, non pas que comme tous les monuments il n'ait au point de vue architectural un aspect absolument français, mais parce que les boutiquiers juifs ou arabes ont conservé leur costume original. Je m'y munis d'oranges pour la traversée, c'est là un adoucissement sinon un remède que je *rerecommande* aux cœurs sensibles. « Il rafraîchit et parfume la bouche ! »………. ce qui n'a rien de superflu en ces tristes occurrences.

Le sifflet à vapeur du *Mohammed-el-Saddock* perce l'air de sa voix enrouée…….. il est temps de nous embarquer et de nous installer pour le voyage.

Le jeune ménage anglais que nous avions rencontré à Hammam-Meskroutin, et qui pour un couple d'insulaires n'a nullement le pied marin, se résigne à être atrocement malade ; je le rassure de mon mieux en affirmant que la mer est admirable……. C'est vrai ! mais dans le port. De loin l'œil exercé d'un hâvrais me permet de distinguer de petits moutons dont la laine blanche jette une note vive sur la nappe foncée que notre paquebot se prépare à franchir.

Il est cinq heures; l'ancre est levée, le *Mohammed-el-Saddock*, autrement dit Mahomet le Sage, s'éloigne du quai et nous voici filant vers la pleine mer. Un soleil d'or éclaire la côte et les maisons de ses joyeux rayons. Bône peu à peu disparaît dans l'éloignement et nous jetons un dernier adieu pour longtemps, peut-être pour toujours, à ce coin d'Afrique où nous avons gaiement passé les jours dérobés aux affaires graves. Pays des Mauresques et des Aïssaouas, des Marabouts et des Oulad-Naïls, pays des Chotts et des palmiers, des chameaux et des panthères, des orangers et des sables sans fin, des burnous et des turbans, pays du kousskouss et des scorpions à la sauce de cactus !

. . . .

Et comme le roulis qui commence à nous balancer n'a pas encore chassé de mon esprit le grain de poésie qui se glisse partout à l'heure du départ, il me semble que toutes les originalités, tout le pittoresque, ce parfum quasi-oriental, tous les sites désolés ou charmants du voyage me reviennent à l'envi comme dans un rêve.....

………… Rêve trop tôt interrompu, hélas ! Le *Mohammed-el-Saddock* presque complètement sur lest a une tenue déplorable. En dépit de son nom, au milieu des moutons qui émaillent la plaine liquide, il cabriole comme un jeune chevreau. Décidément c'est un affreux sabot.

La jolie anglaise est devenue verdâtre, et jusqu'à ce monsieur arpentant le pont d'un air vainqueur qui renonce lui aussi à l'effet incontestable produit par son superbe complet de flanelle blanche et sa chechia à gland bleu. Un tartarin quelconque !

Quant à moi, la prudence exige que je me retire dans mes appartements, remettant le dîner qui sonne à des temps moins agités. Nous bourlinguons gentiment et je cherche à donner le change à mon mal en ravageant la soute aux oranges.

Or tandis que couché sur mon lit je ferme pieusement les yeux pour ne pas rougir du fol esquif chargé de nous rapatrier, voulez-vous bien me suivre mes chers amis dans quelques considérations générales et rétrospectives sur le pays que nous venons de visiter. Ce sera peut-être un moyen de nous faire oublier à vous et à moi les tristesses de l'heure présente. Diable de bateau !!! . . . .

Dans cette course rapide à travers l'Algérie, j'ai ouvert mes yeux et mes oreilles aussi grands que j'ai pu, cela ne veut pas dire peut-être que j'aie toujours vu ou que j'aie suffisamment entendu, cependant comme ce sont là des notes intimes, destinées rien qu'à des intimes, j'espère ne pouvoir pas être accusé de prétention ou de présomption en résumant ainsi mes impressions sur notre colonie :

Incontestablement l'Algérie a un grand avenir, tant par sa position voisine de la mère patrie que par la beauté de son climat et la fertilité d'un sol qui se prête à toutes les cultures. D'immenses étendues de terrain actuellement non défrichées attendent que nos colons leur rendent la riche parure de forêts et de moissons dont elles sont privées depuis des années et même des siècles.

Il ne faut point oublier que notre colonie africaine fut un jour le grenier de Rome. Les nombreux vestiges de l'établissement de ses colons et de ses soldats, vestiges que l'œil et le soc des charrues rencontrent en tous lieux nous sont un sûr garant du succès.

Suivant la phrase consacrée: on a beaucoup fait mais il reste beaucoup à faire. Et maintenant que l'ère des soulèvements et des incursions sérieuses semble passée, pour le nord et le centre de notre colonie du moins, les progrès pourront suivre un cours plus rapide et il faut l'espérer ininterrompu.

Certes de graves problèmes que je ne chercherai pas à résoudre ici (mon inexpérience et le ton même de mon livre en sont des raisons suffisantes), pourront rendre la tâche difficile, mais j'en ai le ferme espoir n'en compromettront pas la réussite à l'heure normale.

Je me contenterai d'indiquer parmi ces problèmes et comme le plus grave peut-être celui de l'adoption du régime civil en Algérie, au lieu et place du régime militaire.

En tenant compte d'inconvénients inévitables dans la transition, inconvénients que l'intelligence du pays, des races et des hommes atténueront sans doute promptement, il a pu sembler logique, alors que la conquête proprement dite paraissait accomplie et l'ère de l'organisation ouverte, que la haute direction revînt à un moment donné aux mains civiles. Il n'y a en cela rien qui amoindrisse le mérite de nos généraux ou diminue l'honneur qui leur revient à eux et à nos braves soldats.

La France ne saurait oublier qu'ils ont arrosé son nouveau domaine de leur sang, qu'à l'exemple des Légions romaines ils ont tracé ses routes et que par eux ont été posées les premières pierres de villes destinées à la défense et à la prospérité de la colonie.

Cedant arma togæ ! dirait M. Prud'homme.

Mais le moment était-il opportun ? notre domination était-elle suffisamment assise ? Notre civilisation avait-elle relativement assez pénétré chez ces tribus nomades ou sédentaires, les unes laborieuses et guerrières, les autres pillardes et paresseuses ? Chacun sait que ces populations ont avant tout le respect de la force. Or, pour elles, la force jusqu'ici c'était le sabre, le képi, le galon, en dehors desquels...............

C'est donc là je crois le point délicat, le point......... que je ne chercherai pas toutefois à élucider, la question n'étant nullement de ma compétence.

Qu'il me soit seulement permis d'observer en passant qu'une politique guerrière à outrance, ne nous a pas toujours valu au point de vue pratique des résultats merveilleux, en Kabylie par exemple.

Certes la fermeté doit être la règle primordiale d'une puissance colonisatrice, mais il est de son devoir comme de son intérêt de s'imposer en même temps par ses bienfaits et son équité.

Tel doit être le rôle de notre France, car elle est à n'en pas douter une puissance colonisatrice malgré certaines lacunes ; lacunes dues plutôt à la faute de ses rouages administratifs qu'au caractère des individus.

La France a son mode de colonisation, mode bien tranché et bien original qui ne manque pas de qualités excellentes. Pour elle ses colonies sont bien des enfants, enfants attachés à leur mère, enfants qu'elle a pu perdre parfois dans ses revers de fortune, mais qui jamais de leur plein gré ne l'ont abandonnée, comme les Etats-Unis ont répudié l'Angleterre, comme les colonies hispano-américaines se sont affranchies de leurs liens avec l'Espagne. Ne peut-on d'ailleurs prévoir le jour où notre voisine d'outre-Manche verra lui échapper quelque autre de ces grands empires qu'elle a créés outre-mer.

Et maintenant, en dehors du point de vue chrétien, n'avons-nous pas plus que toute autre puissance à un point de vue tout national, des instruments d'une influence incontestable en nos admirables missionnaires, serait-il juste, sage même de ne pas favoriser leurs tentatives par tous les moyens en notre pouvoir ?

L'avenir de l'Algérie est surtout entre les mains de ceux qui dirigent notre pays ; il doit lui être fait dans les préoccupations une part plus large.

A l'aléa d'expéditions multiples, lointaines, onéreuses, dangereuses pour notre sécurité nationale et continentale surtout, ne doit-on pas préférer l'achèvement, le perfectionnement de ce que la Providence nous a alloué presque à notre porte dans ce grand partage des terres. Ce que nous voulons, ce ne sont pas des empires lointains, peuplés d'étrangers, et par eux florissants, empires qui nous renient un jour, ce sont de nouvelles Frances reconnaissantes de nos bienfaits, asiles d'un trop plein actif et vaillant, soutiens de notre gloire et de notre prospérité.

2 et 3 avril 1884.

Il est cinq heures le *Mohammed-el-Saddock*, semble vouloir enfin revenir à de meilleurs sentiments. Sa machine ne rend plus le son éternel et monotone qui depuis trente-six heures que j'occupe la position horizontale me résonne dans la tête......... Serions-nous dans le port de Marseille ? Je saute de mon lit et par le hublot entr'ouvert je vois brillant sur le ciel bleu la statue dorée de Notre-Dame-de-la-Garde, étoile

du voyage . . . . . étoile du retour . . . . .
. . . .
. . . .

Et maintenant mes chers lecteurs, vous qui avez bien voulu consacrer quelques heures à refaire avec nous cette modeste excursion, voici les trois gentilshommes normands de retour...... et ce n'est pas, vous le savez peut-être par expérience, l'instant le moins doux du voyage.

Nous n'avons tué ni lions, ni tigres sur la terre d'Afrique; moins heureux que ce coquin de Tartarin nous n'avons même pas eu le plus petit chameau pour escorter notre rentrée au bercail et........ malgré cela je voudrais pouvoir penser que vous avez éprouvé à nous suivre quelque peu du plaisir que j'ai eu moi-même à fouiller dans ces notes intimes, destinées à nos seuls amis.

Le souvenir des choses curieuses, des beaux sites, des moments heureux n'est-il pas plus enchanteur souvent que la réalité même ? Par lui l'imagination ne retient que les côtés charmants dégagés des petits tracas, des misères, des fatigues de la route.

Et quelque favorisé que j'aie été sous ce rapport dans la société pleine d'entrain de mes aimables compagnons, j'espère avoir fait ici disparaître les aspérités bien bénignes assurément, pour ne vous faire partager de notre voyage en Algérie que les impressions heureuses. Qu'à défaut d'autre mérite ces efforts me soient un titre à votre indulgence.

Et vous mes vieux amis ! mes compagnons dans cette odyssée d'un mois, je voudrais pouvoir me dire que j'ai rendu ici nos impressions communes avec assez de fidélité, sinon de charme et d'habileté, pour qu'il vous soit agréable de les revivre un instant en ouvrant ce livre aujourd'hui, demain, dans cinquante ans même, car j'espère bien pour vous et pour moi, entendre dire à vos arrière-petits-fils qu'ils ont vu sourire leur grand-père, un beau soir, à la lecture d'un poudreux bouquin intitulé : *Souvenirs d'Algérie*.

MAURICE TAÇONET.

Achevé d'imprimer

Le douze juillet mil huit cent quatre-vingt-cinq

PAR LEMALE & Cie

pour

M. TACONET

HAVRE

www.ingramcontent.com/pod-product-compliance
Lightning Source LLC
Chambersburg PA
CBHW071523160426
43196CB00010B/1635